前屋毅《まえや つよし》

教育現場の7大問題

KKベストセラーズ

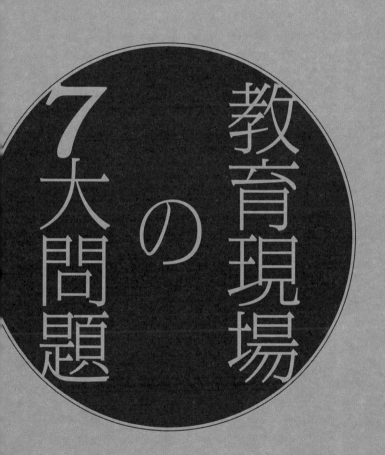

まえがき

最近の学校給食を食べたことがありますか？

この質問を、小学生や中学生の子どもをもつ保護者たちに向けてみると、かなりの確率で「えっ？」という表情をされる。そして、「食べたことはない」との返事がもどってくる。授業参観はあっても、給食を試食する機会というのはまだまだ珍しいものなので、食べたことのない保護者がいるのも当然かもしれない。

わたしは最近、給食を食べる機会が何度かあった。五十年近くぶりの給食である。

ある長野県の過疎地域にある小学校でのメニューは、「鶏飯《けいはん》」だった。鹿児島県奄美群島の郷土料理で、鶏肉などの具材をのせたご飯に丸鶏を煮てとったスープをかけて食べる料理だ。「それに似たメニュー」ではなく、ちゃんとスープも別添えになっていて、かなり本格的で驚いた。

私立の中学校での給食は、鯖の塩焼きに、野菜のおひたしがついていた。献立は平凡だが、その量には驚いた。育ち盛りの中学生の給食は、これくらいのボリュームがなければダメだったんだな、と自分の中学生時代をおもい起こしながら食べた。

そうした話を保護者にすると、誰もが興味を示してくれる。受験や進学事情についてては知見のある保護者でも、学校で出されている給食についてはほとんど知らなかったり、いままで関心をもってこなかったという人が多いようだ。保護者の知る「子どもの学校生活」というのは、実は一面的なものでしかないのかもしれない。

教育については、誰もが「専門家」である。自分の子どもをつうじての経験、そしてかつて自分が学校に通っていたときの経験から、知識と意見のある人は多い。

ただし、それは一面的な知識や意見にすぎないのではないだろうか。子どもがどんな給食を食べているかを実はよく知らないように、教育や学校について知っているつもりになっているだけで、その実知らないことや、あるいは勘ちがいしていることは多いのではないか。

他人のことはいえない。わたし自身にしても、我が子や自分の経験をつうじて、学校や教育については知っているつもりでいた。しかし、改めて取材してみると、新しい発見ばかりである。時代の変化もあるが、それだけではなく自分が学校とかかわっていたときにも、自分がみたいものをみているだけで、ほんとうに知らなくてはならないものを知らないままで終わっていた、と痛感させられる。

教員とて例外ではない。日々、学校ですごすなかでみたり聞いたりしたものや、目の前にある問題に囚われ、教育について知っているつもりになっている。ちがうみえ方のあることに気づかないし、気づこうともしていないのではないだろうか。

いま、学力偏重の強まり、いじめの問題、経済力による格差など、教育はたいへんな状況にある。現在を、そして今後を考えていくためには、「知っているつもり」で終わらせてはいけない。いろいろな角度から問題を捉えることが、いまほど求められているときはない。

本書では、教員や保護者、教育委員会など、教育のあらゆる「当事者」に取材し、彼らの生の声から諸問題を捉え直すことを試みている。いろいろな見方の一端を示し、教育のあるべき姿を考える一助に本書がなれたら、著者として、これほどうれしいことはない。

最後になったが、取材に協力していただいた多くの方々に深く感謝したい。なお本文中で、文章上の理由からお名前の敬称は省略させていただいた。ご了解いただければ幸いである。

本書はKKベストセラーズのWeb媒体『BEST T!MES』で連載した記事をはじめ、複数の媒体で書かせていただいた教育関係の記事をベースにしながら書き改めたものである。企画の段階から最後の最後まで、KKベストセラーズ『BEST T!MES』編集部の村林千鶴氏には、たいへんお世話になった。ありがとうございました。

前屋　毅

教育現場の7大問題　目次

問題1

全国学力テスト

問題2

教員の過重労働

問題3

受験と格差

問題4
いじめ

問題5

グローバル人材の育成

問題6

アクティブ・ラーニング

問題7

七つ目にして、最も大きな問題

問題1

全国学力テスト

文部科学省（文科省）の実施する全国学力テストが、学校や地域のレベルをはかるモノサシにされる傾向が強まってきている。教育委員会や学校にいい成績をとることを強制され、子どもたちも教員も疲弊してしまっている。そんな全国学力テストに果たしてどのような意義があるというのか。全国学力テストに翻弄される学校と教育は、危機的な状況にある。

男子生徒自殺の原因は、学力日本一に固執する教育現場にある？

福井県議会が、同県の教育行政について、異例ともいえる「根本的見直し」を求めた。二〇一七年十二月十一日、福井県議会総務教育常任委員会は「福井県の教育行政の根本的見直しを求める意見書（案）」を全会一致で可決した。この意見書は同月十九日の本会議に提出・可決されている。

この意見書が提出されたきっかけは、二〇一七年三月に同県池田町立池田中学校の男子生徒が飛び降り自殺をしたことだった。意見書は冒頭で、自殺は「教員の指導が適切でなかったことが原因との調査報告がなされた」とし、「全国的にも重く受けとめられており、福井県の公教育のあり方そのものが問われている事態であると考える」と述べるなど、かなり手厳しい。

男子生徒の自殺について池田町は事故等調査委員会をつくり、一七年十月に報告書をまとめている。その報告書は、「担任、副担任とも、本生徒の性格や行動の特性、気持ちを理解しないまま、宿題等の課題提出や生徒会活動の準備の遅れを理由に、担任は大声で叱責するなどし、副担任は執拗な指導を繰り返した」と指摘している。

そして、「これらの指導叱責は、本生徒にとっては困難を強いられ、大きな精神的負担となるものであった」として、男子生徒の自殺に担任と副担任による過剰な指導が大きくかかわっていたと結論づけている。また男子生徒の母親も、「原因については、教師によるいじめだと思っています」(『朝日新聞』電子版十月十七日付)と語っている。

この報告書を受けて、議会は意見書を可決したわけだ。ただし意見書は、担任や副担任の個人的な過ちを単純に責める内容にはなっていない。担任や副担任の責任であると報告書が結論づけたのであれば、二人に全責任を押しつけてしまえば、話は単純である。面倒なことを避けようとおもえば、それがいちばん手っ取り早いし、そういう選択をされることが少なくないのも事実だ。しかし議会は、それを選ばなかった。議会の意見書は、次のように分析を加えている。

「池田中学校の事件について、学校の対応が問題とされた背景には、学力を求めるあまりの業務多忙もしくは教育目的を取り違えることにより、教員が子どもたちに適切に対応する精神的なゆとりを失っている状況があったのではないかと懸念するものである」

男子生徒の自殺は教員による過剰な指導に要因があるが、その過剰な指導は教員の個人的な資質ではなく、「多忙」にそもそもの原因があると指摘しているのだ。教員が多忙すぎるために、十分に子どもに対応できる精神的なゆとりを失い、適切な対応ができなかった、といっている。教員個人を責めるのではなく、背景にある学校について、そのあり方を問題視しているのである。

さらに注目すべきは、教員が多忙になってしまっている原因を、「学力を求めるあまり」と踏み込んでいるところだ。意見書は続ける。

「このような状況は池田町だけにとどまらず、『学力日本一』を維持することが本県全域において教育現場に無言のプレッシャーを与え、教員、生徒双方のストレスの要因となっていると考える」

この意見書を読んだ関西のある小学校教員は、「画期的ですね。よく、こんな意見書が提出されたものだと、感心してしまいますよ」と語った。意見書の問題意識は、福井県外の教員の共感を得るものだったということだ。同様の感想を何人もの教員から聞いた。

いまや、文科省が実施する全国学力・学習状況調査（全国学力テスト）は「学力」の指標とされている。小学校や中学校の校長と初めて会ったときなど、「全国学力テストで我が県は全国でも上位で、そのなかでも我が校はトップクラスです」などと説明されるのが当然のようになっている。それほどまでに、学校関係者にとって全国学力テストの成績は大きな関心事なのだ。

その全国学力テストにおいて、福井県は注目される存在である。二〇一七年度の結果でも、福井県は中三の国語Aと数学A、Bが全国で一位だった。中三国語Bと小六算数Bでは二位、小六算数Aは三位、小六国語A、Bでは四位という成績を残した。この結果について福井県教育委員会は「一〇年連続で全国トップクラスを維持した」とコメントしている（『福井新聞』二〇一七年八月二十九日付）。

こうした状況が、「本県全域において教育現場に無言のプレッシャーを与え、教員、生徒双方のストレスの要因となっている」と議会は指摘しているのだ。学力日本一であり続けるために教員は多忙を強いられることになり、子どもたちに適切に対応するための精神的なゆとりが奪われ、それが結果的に男子生徒の自殺につながった、と。さらに意見書は、次のように続ける。

「日本一であり続けることが目的化し、本来の公教育のあるべき姿が見失われてきたのではないか検証する必要がある」

学力日本一への固執が教育の本来の姿を見失わせた、とまで言及しているのは非常に興味深い。学力偏重への警鐘であり、かなり踏み込んだ指摘である。

だからこそ、福井県以外の教員たちも我が事として読む。福井県議会の意見書は、福井県の教育だけでなく、全国の教育界に対して投げかけられた疑問と警鐘といえるのだ。

福井県の意見書の指摘を他人事とはおもえない全国の教員

県議会の意見書を受け入れて、福井県の教育界が、教員や子どもたちのストレスにつながるプレッシャーや、本来の公教育のあるべき姿を見失わせることにもなるという「学力日本一へのこだわり」を根本的に見直す作業に着手すれば、福井県の教育は大きく変わることになるのかもしれない。それは県内に限らず、日本の教育を変えるきっかけにもなるはずである。

しかし、福井県の教育界は動かなかった。福井県の教育委員会を所管する県教育庁教育政策課の担当者に、「福井県の教育行政には問題がある」と指摘した福井県議会の意見書について、どのように捉えているのか訊いてみた。電話での取材に対して、担当者は次のように答えた。

「議会の意見書は、言い過ぎだとおもいます。池田町での男子生徒の自殺があったので、議会として行政に対して厳しい意見を述べておく、というスタンスを示しただけではないでしょうか。

自殺という事実は事実として受けとめ、対応策は検討していきます。それでも、議会の意見書は言い過ぎです」

議会の意見書による、学力で「日本一であり続けることが目的化」しているとの指摘についてどう考えるのかも訊いてみると、

「学力偏重なんて、ぜんぜん意図していません。全国学力テストで福井県は上位の成績をあげているので、それと結びつけて議会はいっているにすぎない」

と、素っ気ない返答でしかなかった。そこに、議会の意見書に真摯に耳を傾けるという姿勢は感じられない。

重ねて、学力日本一を行政として指導しているのではないか、それが教員や子どもたちのプレッシャーになっているのではないか、とも質問してみた。もどってきた答は、やはり素っ気ない。

「教育委員会や教育庁が、日本一を煽っていることは、まったくありません。

全国学力テストで常に上位にいるので、『行政が、うるさくいっているのではないか』といわれたりもしますが、行政として強制的に何かをやらせたりしていることはありません。学力の平均値を向上させるのは教育委員会の使命ですから、競争を強いるのではなく、それを効率的にやってもらう支援はしています。学力向上の実践例があれば、『他校ではこんなことをやっていますよ』といった紹介は積極的にやっています。かといって、『同じことを必ずやりなさい』といっているわけではありません。そうした事例を方法として取り入れて実践するかどうかを判断するのは、それぞれの学校や教員です。決して教育委員会や教育庁ではありません。

議会の意見書は行政の姿勢が学力偏重であるかのような書き方ですが、あれは心外です」

さらに、福井県が全国学力テストで常に上位であり続けている理由について、教育政策課の担当者は次のように語った。

「教員の平均的な力が高いからです。だから、福井県の教育水準は高い。

強化研修会などを教員同士が積極的にやっています。それも、あくまで自発的なものであって、行政として強要しているものではありません。それくらい、福井県の教員は教育に熱心なんです。その熱意によって、高い教育水準が支えられていると考えています」

過去の全国学力テストの問題をやらせるなどの対策をしているか、との質問にも、「過去問（過去問題）をやらせるようなことはしていません」と断言した。テストで点数をとるための対策を強要してはいないという。

全国学力テスト上位の成績は教員の熱意に支えられているが、あくまで自発的なものでしかない、というわけだ。そうであれば、福井県の教員は議会の意見書に不満を述べてもよさそうなものである。意見書がいうように、学力日本一は行政による「無言のプレッシャー」によるものではなく、自分たちの自発的な努力のたまものだ、と強く主張すべきではないだろうか。過度の学力偏重との指摘は心外でしかない、と。

そこで複数の伝手《つて》を頼って、福井県の教員に「本音」を聞かせてくれと依頼してみた。議会の意見書に対する不満や反論、もしくは意見書を肯定するような話が聞けることを期待したのだ。

しかし、期待は見事に裏切られてしまった。もどってきた答は、「沈黙」ばかりだったのだ。福井県議会の意見書に対して、現場の教員たちが「現状とはちがう」と憤っているのか、「そのとおりだ」と好意的に受け取っているのか、さっぱりわからない。

福井県議会の意見書については、ほかの都道府県の教員の意見も聞いた。東京都のある小学校教員は、「『よく、いってくれた』というおもいです。同じような実態が、わたしたちの現場にもあります。それは、全国どこの学校にも起こりつつあるというのが実感です」と語った。

また近畿地方の小学校で教えている教員の一人も、「実態を踏まえた、とても健全な意見書であると感じました」と感想を述べた。さらに、「教育委員会が、学力向上に向けた施策を定めて、現場に遵守を強いる傾向が、わたしの勤務する地域でも強くなってきています。この地域が特別なわけではなく、他の地域の教員と話していると、全国どこでも同じような傾向にあることを強く感じます」と続けた。

同様の意見を、今回の取材で連絡をとった多くの教員から聞いた。福井県議会の意見書を、自分たちの現場への指摘と受け取っている教員は全国にいるのだ。

しかし、当事者である福井県の教員は固く口を閉ざしている。また、意見を述べてくれた教員が勤める地域の教育界でも、福井県議会の意見書に同調するような動きはみられない。

学力の競争を暗に強いている文科省

全国的には、学校で全国学力テストの対策はとられているのだろうか。上位の成績をとるための特別な対策を学校に強いてはいない、と福井県教育庁は説明した。しかし少なくともほかの都道府県は、そう「のんき」ではいられない状況のようだ。

二〇一八年一月十五日付の『朝日新聞』（デジタル版）は、「学力下位返上へ夏休み五日減　東松島市、授業三〇時間増」というタイトルの記事を載せている。県内の小中学校ともに全国学力テストの多くの科目で全国平均を下まわっている宮城県のなかでも、特に下位にある東松島市が、二〇一八年から小中学校の夏休みを短縮して授業時間を増やすことを決めたというのだ。

いうまでもなく、子どもたちにとって夏休みは楽しみにしている時間である。それを削ってまで、学力向上をはかろうとしている。全国学力テストにおいて下位であることが、子どもたちから夏休みを奪う結果に結びついた。全国学力テストの結果は、深刻ともいえる影響をあたえているわけだ。

それほど、東松島市は全国学力テストの結果に神経を尖らせている。何事にも上位があれば下位もあるのだが、下位であることは許されないようだ。そして、下位にならないために、学校や教員、子どもたちには大きな負担が強いられている。

それは、東松島市に限ったことではない。東松島市の夏休み短縮は一例でしかなく、全国各地の教員から聞かされた実情には、驚くしかなかった。

「教育委員会から学校現場に、点数の向上策として全国学力テストの過去問をやることが強要されています。子どもたちは、そこで点数を上げるための知識の詰め込みや技法を身につけるよう強いられています」

と、北海道の小学校の教員は語った。全国学力テストで下位の成績にならないための〝テクニック〟が叩き込まれるわけだ。それが、子どもたちの負担にならないはずがない。その教員が続けた。

「その結果、子どもたちは学ぶ喜びを見失い、意欲を削がれているように強く感じています。教員としてそれを強要せざるをえないというのも、残念な気持ちしかありません」

同様のことは、多くの教員から聞かされた。過去問への取り組みは、全国的に行われているらしい。東北地方の小学校で教壇に立っている教員も、納得できないといった表情で次のように述べた。

「全国学力テストは四月に行われるので、過去問対策は三学期や、場合によっては春休みに補習でやったりもします。そこでは何を学ぶかより、良い点数をとることが目的になってしまっているのは事実です」

過去問など全国学力テスト対策に時間を割くとなると、正規の授業にも影響が出てこざるをえない。本来の時間割に対策の時間は組み込まれていないので、正規の授業から工面して、時間をひねりだすしかないからだ。

もちろん、対策の時間をつくるために正規の授業を潰すわけにもいかない。授業もきちんとやりながら、対策の時間もつくりださなくてはならないため、春休みに補習をやったりということにもなるのだ。

「なかなか時間をつくれないので、朝読書の時間をあてたり、休み時間を使ったり、給食後の時間を使ったりもします。宿題にすることも珍しくありません。そういう状態ですから、正規のカリキュラムの進行が遅れるのは毎年のことです」

とは、中部地方の中学校教員の弁だ。時間割的にも無理を重ね、さらには点数をとるためのテクニックを詰め込まれるのでは、子どもたちの気持ちに余裕ができるはずはない。「子どもの学習意欲が落ちた」と指摘する教員が多いのも事実だ。

意欲をなくしているのは、子どもたちだけではない。教員も同じである。東京都の中学校教員は、

「テクニックを詰め込んで、それで底上げした結果に意味があるのか。自分は、無意味なことをやっているとしかおもえない。やらなければいけないことは、とにかく山のようにある。そこにテスト対策が加わると、いつも時間に追われている気がする」

と訴える。

「結果が悪いと教員としての指導力が問われる。教育委員会や校長から、言葉でのプレッ

シャーもあれば、無言のプレッシャーも感じます。教員としても神経質にならざるをえない」

と、関東の小学校の教員もいう。子どもも教員も、全国学力テストのために神経をピリピリさせ、精神的にも肉体的にも疲れ果ててしまっているのだ。

テストの直前だけでなく、宮城県の東松島市は夏休みを削ってまで「学力向上」に努めるわけだが、テスト対策が全国の学校で行われている状況では、同じように対策のために夏休みを削られる学校が、全国的に増える可能性は否定できない。それが全国学力テストの成績・順位を上げるためのテクニックの詰め込みでしかないのなら、子どもたちや教員にとっては辛い状況でしかない。

全国学力テストの成績・順位にこだわる姿勢が、結果、全国的に学校の環境を悪化させることになっている。そこにブレーキがかかる気配はなく、むしろエスカレートしていくばかりだ。

過去問に取り組ませるなどテクニックの詰め込みに学校が躍起になっていることに、文科省は「本来の趣旨とはちがう」と批判めいたコメントを繰り返している。

全国学力テストの目的について文科省は、「義務教育の機会均等とその水準の維持向上の観点から、全国的な児童生徒の学力や学習状況を把握・分析し、教育施策の成果と課題を検証し、その改善を図る」という説明を同省のホームページでも掲げている。テストは学力や学習状況を把握して改善していくためのものでしかない、というのだ。たしかに、その趣旨と、順位を上げようと躍起になっている学校の現実は乖離《かいり》してしまっている。その現状に文科省が苦言を呈するのも当然だろう。

しかし、苦言を口にしながらも文科省は、学校に成績・順位にこだわることを暗に強いている。「調査」が目的ならば、順位をつけるようなことをする必要はないし、ましてや、それを公表などしなくてもいいはずだからだ。順位をつけて公表すれば、競争がエスカレートするのは当然のことである。それを積極的にやっているのが文科省なのだ。文科省は、言葉とは裏腹に競争を煽っているにすぎない。

競争を煽る文科省の思惑

なぜ、文科省は全国学力テストによる競争を煽るのだろうか。

その答をみつけるには、文科省と財務省との関係を考えてみる必要がある。文科省が教育行政を実施していくためにはカネ、つまり予算が必要だ。その予算配分に権限をもっているのが財務省である。もっと予算が必要だと文科省が要求しても、財務省が首を縦に振らないことには実現しない。

わかりやすい例が、教員定数の問題である。

いま、教員の過重労働が大きな問題になってきているが、それを根本的に解決する最善の方法は、教員の数を増やすことである。百の仕事を一人でやるより、二人でやるほうが楽だからだ。一人でやらなければならない仕事は半分になる。半分になれば過重労働の状態も緩和される。

そのために文科省は、毎年のように教員の数を増やす計画をつくり、予算増を財務省に求めている。教員給与の三分の一は国の予算から出ているので、教員数を増やすには予算を増やさなければならないからだ。予算が増えれば文科省自らの権限拡大にもつながる、という官僚的な都合もあるが、ともあれ、教員の数が足りないという認識を文科省がもっていることは事実のようだ。

その計画の前に立ちはだかるのが、財務省である。財務省は、文科省の教員増員案に真っ向から反対し続けているのだ。

その意思決定には、財務省の方針を正当化する仕組みとして設けられている、財政制度等審議会（財政審）が関わっている。

その委員には民間企業経営者や学者などが名を連ねており、ここでの決定に基づいて財務省は実務を行うことになっている。客観的な意見を尊重しながらやっているもので、財務省が独断でやっているわけではない、ということをアピールするための仕組みだ。しかしほんとうは逆で、財務省の方針を財政審が認めているにすぎない。財務省の方針に「お墨付き」を与える存在が、財政審なのだ。

その財政審が、教員増員にも言及しているのである。たとえば二〇一六年、「平成二十八年度予算の編成等に関する建議」では、教員を増やすことが「教育効果に関する明確なエビデンスと、それに基づく必要な基礎・加配定数の配置を科学的に検証した結果を根拠とするものではない」と述べている。教員を増やしたからといって教育の質が向上する根拠はない、といっているのだ。

これは、教員を増やしたいのなら、増やすことで確実に教育効果があがるという証拠をもってこい、といっているに等しい。企業でも、新商品を企画すると、役員など幹部に「売れる証拠をもってこい」と要求されることが多い。それと、同じである。

しかし、新商品が売れるかどうか、売りだしてみなければわからない。売れる証拠をもってこいと新商品に反対するのなら、売れない確たる証拠を示すべきである。

教員を増やすことについての財政審の見解は、これと同じである。教員を増員することで得られる効果のエビデンスを要求するのなら、増やしても効果がないというエビデンスを示して反対すべきである。どちらかわからないのであれば、せめて「検証すべきだ」くらい提言するのが真っ当ではないだろうか。それをやらないのは、反対のための反対でしかないからだ。

二〇一六年八月にも文科省は、二〇一七年度から十年間で公立小中学校の教員定数を約三万人増やす計画をまとめた。これに対して財政審は「平成二十九年度の予算の編成等に関する建議」において、「現在の教育環境である『一〇クラス当たり約一八人の教職員』を継続する前提で試算すれば、クラス数の減少に伴い、平成三八年度の教職員定数は約六四万人（対平成二十八年度比▲四・九万人、▲七・二％）となる」と応えている。

現在のままの教員数でも、将来的には五万人近くが余る計算になる、といっている。だから増やす必要はない、というわけだ。それだけではなく、将来の余剰に備えて、「いまから減らすことを検討しろ」といっているに等しい。文科省の要求とは逆のことを求めていることになる。

文科省は、現状では数が足りないために教員は過重労働となっており、少人数クラスも実現できないから増員のための予算をつけてくれ、といっているのだが、そこへの配慮はスッポリと抜け落ちてしまっている。現状における問題を解決することよりも、先の人余りの心配を優先している。

そこからみえてくるのは、ただ予算を増やしたくない、むしろ減らしたい、という財政審や財務省の本音だけである。将来のために現在を犠牲にする考え方は、納得できるものではない。

文科省が財政審や財務省の壁を乗り越えて、教員増員もふくめた教育予算を増やすには、教育に対する世間の関心を高めるしかない。それには、〝成果〟である。

教育への関心が高まれば、財務省としても「屁理屈」でもって反対するわけにはいかなくなる。関心を高める役割の一端を、全国学力テストが担わされている、といえる。

全国学力テスト結果の順位競争がエスカレートすれば、世間の興味を惹く。それが教育の目的として正しいかどうかは別としても、教育熱が高まることになる。教育予算を増やせ、という世間の声も高まる。

そうした世論を、財務省も無下にすることはできない。教育予算の増額という文科省の要求を無視することはできなくなるはずだ。

そのために文科省は、全国学力テストで都道府県がランキングされたデータを公表して、競争を煽っている。そして、ランキングを上げることに自治体や学校が血眼になってきている。まさに文科省の思惑どおりといえる。

その結果として、全国学力テストで点数をとるテクニックばかりが優先され、子どもたちは学ぶ意欲を失い、教員も矛盾を感じ、さらには多忙のうえにさらなる多忙を強いられている、本末転倒な状況なのだ。

いまの状況を改善するためには、教育にはカネが必要だ、カネをかけるべきだ、と財務省が認識を改めることが必要だ。教育環境を悪化させている責任の一端は、財務省にもある。

全国学力テストのおざなりな採点方法

いまや、その結果に日本全国が一喜一憂しているといってもいい、全国学力テスト。その全国学力テストで「ひどい採点をしている」、という話を聞いた。

学校現場に混乱を招いているほどの存在なのだから、その必要性の議論は別にしても、採点は厳密に行われてしかるべきだと、多くの人がおもうはずだ。ところが現実は、どうもちがうらしい。

採点には、多くのアルバイトが雇われている。学校の教員を駆り出せば過重労働に拍車をかけることになるし、ライバル校の採点には厳しく自校の採点には甘くなったりする可能性もある。公平性の観点からも教員にやらせるのは望ましくない。ということで、アルバイトに作業させるのは仕方のないことなのかもしれない。

その採点アルバイトを経験したことのある女性に、「ひどい採点をしているというのはほんとうなのか」と質問したら、「ひどい」と即答でもどってきた。「正解の基準が曖昧すぎる」との話を事前に聞いていたので、その真偽を重ねて質問してみた。

「ほんとうです。採点していて、唖然とすることが何度もありました」

そこで彼女に、「曖昧」を具体的に説明してほしいと頼むと、次のように説明をしてくれた。

「たとえば、数学で『26』が答の問題があったとします。もちろん26と書けば正解なんですが、問題を解いていくと、その一歩手前のところで『26―1（1分の26）』となります。もう一歩進めれば正解の『26』になるんですが、『26―1』のままで終えてしまう子がけっこういるんです」

厳密に考える人であれば、あくまで正解は「26」であり、「26―1」は途中なのだから不正解と判断するかもしれない。しかし人によっては、「26」と「26―1」は同じであり、問題は解けているに等しいから正解にすべき、と考えるかもしれない。採点をする際に迷うところだろう。

「いったんは、採点現場の責任者から『26—1も正解と認める』との指示がでたので、それに従って私たちは正解と採点しました。

ところが、翌日になって急に『26—1は正解とは認めない』と連絡があり、採点のやり直しになってしまいました」

ここで終わっていれば、「協議した結果、やはり厳密にやることになったんだな」と納得することもできる。「26」と「26—1」は同じで、問題そのものはほぼ解けていた子どもの解答を不正解とするのは心苦しい、という気持ちはあったにしても、である。「解く」ことより「決められた正解をだすこと」を優先するテストならではの〝非情さ〟といえる。全国学力テストが、文科省が建て前でいっているように、「調査」が目的であって順位付けが目的でないのなら、はたして〝非情さ〟は必要なのか、という疑問は残るが。

ともかく、一度は決まった採点基準がひっくり返った。混乱はあったにしても、そこで終わっていれば、採点を担当しているアルバイトが「曖昧」と問題にするほどではないのかもしれない。「ところが、それでは終わらないことが多いんです」と件の彼女はいって、説明を続けた。

「さらに翌日になって、『やはり26—1も正解として認める』となったりするんです。同じようなことが、ほかの問題についても、たびたびありました」

一度ひっくり返ったものが、再びひっくり返ったのだ。採点の基準がコロコロ変わるケースがいくつもあるというのは、いかがなものか。

そうなると、またまた採点のやり直しである。余計な手間がかかるので、採点のアルバイトから不満の声があがるのは当然だ。緊張の糸が切れてしまって、採点ミスにつながる危険性がないともいえない。点数をとるためのテクニックを詰め込み、詰め込まれている学校現場にしてみれば、そんなことで点数を損して順位を落とすことになっていたとすれば、どんな気持ちになるだろう。

そもそも、なぜ基準をコロコロ変える必要があるのだろうか。先述したように、調査であれば学力の実態がわかればいいので、順位をつけるための点数化にこだわる必要はまったくない。むしろ、ただ正解と不正解だけに単純に分けてしまうことで、「26―1」で終わってしまった子どもが多かった、という重要な事実が見逃されることになる。コロコロと基準が変わる採点現場では、そうした事実は記録に残らず消えてしまい、ただ○×をつけることだけが優先されているようだ。

「採点基準の厳しい甘いで点数が変わったりするので、そうすると平均点も変わってきます。前年より平均点が下がると、『学力が下がった』と文科省が非難されかねません。そうならないように、基準を変えることで平均点をコントロールしているんじゃないか、と採点アルバイトの仲間内では笑っていましたけどね」

と、元採点アルバイトの彼女はいった。これはあくまでも、アルバイトの憶測でしかない。

しかし、まったくのでたらめだと無下にもできない。

全国学力テストの結果には教育委員会も学校も神経質になっているが、それ以上に神経質になっているのは、テストを実施している文科省なのかもしれない。疑問をもたれるような結果だと、文科省の責任が問われることになるので、神経質にならざるをえないということだろう。

そうした思惑もからまって、採点基準がコロコロと変わっているのかもしれない。全国学力テストの採点現場ではこのように、採点している当事者が疑問におもうような不可解なことが起きている。

そういう採点を元にしてつけられた順位に、教育現場は一喜一憂し、子どもたちも教員もヘトヘトになってしまっていることになる。徒労といえないだろうか。

いったい誰のために実施している全国学力テストなのか、わからなくなってくる。

学力偏重から解放されたひとつの教育の形

全国学力テストは、年に一回（理科のみ三年に一回）だけ行われる。それだけで、学校や地域の学力レベルがランキングされてしまう。順位が低ければ、学力の低い学校、学力の低い地域とみなされてしまう。考えてみれば乱暴な話である。

そうした評価の仕方が、学校教育をゆがめてしまっている。人を育てる場であるはずの学校が、ますます点数だけで評価をする場になりつつある。これは改善すべき事態なのではないだろうか。

テストのあり方、評価の方法を考えるうえで注目に値する例がある。東京・東久留米市で、幼稚園から大学にあたる最高学部までの一貫教育を行っている、私立の「自由学園」の入学試験である。

全国学力テストと入試は別の問題だ、との意見があるかもしれないが、「評価する」ということについて考えさせられる非常に興味深い例なのだ。

自由学園は、日本における女性初のジャーナリストであり教育者でもあった羽仁もと子と、その夫である吉一の二人によって、一九二一（大正十）年に、東京府（当時）西池袋で創立された。当初は七年制の高等女学校だったが、のちに初等部、七年制の男子部、さらに大学相当の最高学部が加わっていく。

同学園の出身者であり、学園長も務めたことのある羽仁翹《ぎょう》は、学園について書いた著書『よく生きる人を育てる』（教文館、二〇〇五年）で、創立の経緯について次のように述べている。

「（羽仁もと子は）自分の二人の娘が受ける教育を見て、当時の知識習得偏重の教育、すなわち詰め込み教育に、非常な不満を持った。そして三女恵子の女学校進学を前にして、ついに自分の理想とする教育を行おうと、自由学園に踏み切ったのである」

詰め込み教育について羽仁翹は、「子供たちに自ら考えさせるのではなく、考えたことを忠実に覚えることを目的とした教育である」と説明している。そうした従来の教育に対する不満から、自由学園が誕生したのだ。さらに彼は、次のようにも書いている。

「創立当時の日本社会に詰め込み教育がなければ、自由学園の創立に羽仁もと子は踏み切らなかったかもしれない」

そうした学園だから、詰め込み教育を主体としない学校だった。現在でも、法律に基づく学校法人なので文科省方針を尊重しながらも、羽仁もと子と吉一による創立精神を受け継いだ教育が実践されている。その自由学園で実践されている入学試験について羽仁翹は、次のように述べている。

「自由学園は、この羽仁もと子の考えに基づいて、創立以来一貫して知識の蓄積量ではなく、自ら考える力をどのくらい持っている子供たちなのか、を発見できる入学試験を行ってきている」

それは、現在も変わらずに続けられている。同学園の入試について、自由学園男子部中等科・高等科の更科幸一部長に詳しい話を聞いた。中等科には初等部から進んでくる子が多いが、一般入試を受験して中等科から入学してくる子もいるのだ。

「試験当日は朝八時に集合し、国語と算数の試験のあとに体操をします。そして食堂で一緒に食事し、その後にプロジェクトベースのテストがあり、保護者面談、個人面談を行います」

と、更科は説明した。一見すると、「普通の私立学校の入試と変わらないじゃないか」とおもわれるかもしれない。しかし、もう一度、注意深く更科部長の説明に目をとおしていただきたい。注目すべきは、まる一日かけて試験が行われていることだ。

入学希望者の数は例年五十人弱だ。「たったこれだけ」という表現は失礼かもしれないが、この少人数に対して、まる一日という長い時間をかけて試験が行われているのである。昼食も受験生だけが勝手にとるのではなく、教員が受験生の席と隣りあわせに座って、一緒にとる。一日の生活すべてを観察するのだ。

そうしたなかで、単純に点数を付けるのではなく、「子ども一人ひとりを、まるごとみる」（更科部長）のが自由学園の入試だ。ペーパーテストの結果だけではなく、さまざまな場面で子どもと接し、いろいろな観点でもって子どもを知ろうとする。もちろん、一人の教員だけでなく、中等科の教員が総出で子どもたちと一日を過ごす。そして、入学してもらうかどうかを判断するのだ。

入学後の教育も同じで、一人ひとりをきちんとみながら、生徒と教員の距離が近い状態で学びが行われている。その姿勢を維持するために、自由学園は一学年一クラスの制度を守り続けている。生徒数を増やしたほうが経営的には楽になるのだろうが、それでは子ども一人ひとりと教員が向きあって、それぞれの能力を伸ばす教育ができない、と同学園では判断している。

たった一回の、しかもペーパーテストだけでランキングしてしまう現在の全国学力テストの評価方法は、子どもたちを「まるごとみる」こととは対極にある。一面しかみないまま、多くの事実を見逃してしまうものでしかない。

そうした全国学力テストが重視される学校現場では、子どもを「まるごとみる」ことは重視されていないといえよう。教員は「まるごとみる」余裕などなく、学力テストで点数をとることばかりを熱心に教えている。

「まるごとみる」ことで評価し、さらに子どもたちの能力を伸ばしていくことが学校現場では大事なことではないのか。その大事なことが、全国学力テストばかりが注目される学校現場では失われつつある。

問題2

教員の過重労働

教員の過重労働問題は、もはや社会問題といっていいほどの話題となっている。しかし、そこまで教員が働きすぎてしまう理由は、あまり知られていない。いろいろな多忙解消策が提案されているが、どれも本質から目をそらしてしまっているために改善にも解消にもつながっていない。この章では、教員を多忙に追い込んでいるものの正体を明らかにし、教員の多忙が子どもたちのためになっているのかを問い直していく。

教員の過重労働は本当に部活動が原因なのか？

教員の多忙、過重労働が注目を集めるなかで、「攻撃の的」とされてきている感があるのが「部活動（部活）」だ。

二〇一七年一月六日には、文科省が中学校の部活に休養日を設定するよう求める「通知」を、全国の教育委員会（教委）などに送った。教員の多忙解消のために部活を休む日をつくれ、というのだ。

これに各教委も敏感に反応し、たとえば川崎市教育委員会は早くも同年五月に、「一週間に少なくとも一日の休養日設定」を学校に求める方針を決めた。川崎市より早く方針を固めた教委も少なくなく、それによって休養日を設定する学校が全国的に増えている。

文科省の鶴の一声で、教委や学校がいっせいに行動を起こしたわけである。文科省は、この通知によって自らの影響力の強さを改めてみせつけることに成功した。教員の過重労働問題の要因とされている部活が、自らの一声で「改善」に向かったのだから、「大手柄」と自画自賛したかもしれない。

しかし、現実はどうだろうか。部活に休養日を導入する学校が増えているというのに、教員の過重労働問題が解消したという話はいっこうに聞こえてこない。そもそも部活は義務教育では基本的に中学校に設けられているものだが、過重労働問題は中学校だけの話ではなく、部活がない小学校の現場でも大きな問題となっている。にもかかわらず、過重労働は部活が原因とする「部活悪者論」が横行しているのだ。

文科省は「教育政策に関する実証研究」のひとつとして教員の勤務実態の実証分析を実施し、二〇一七年四月二十八日に「教員勤務実態調査（平成二十八年度）の集計（速報値）について」を発表している。

そのデータをもとにマスコミは、「十年間で中学校教員が部活に割いている時間は倍になった」と騒ぎたてた。それによって「部活悪者論」がますますエスカレートしたことは、言うまでもない。

しかし教員勤務実態調査のデータを冷静にみてみれば、「倍になった」という中学校教員が部活に割いている時間とは、「土日の部活」でしかないのだ。平日をみれば、十年前となる二〇〇六年度の三十四分に対し、二〇一六年度は四十一分と、わずか七分増えたにすぎない。

文科省にしてからが、土日に関しては「部活動・クラブ活動の時間が増加している」と指摘しているものの、平日の部活については言及していない。平日の勤務時間で増加していると指摘したのは、「授業」「授業準備」「成績処理」「学年・学級経営」である。部活は、入っていないのだ。

これだけでも、過重労働の元凶は部活であるとする論調がミスリードにすぎないことがわかる。しかも部活に休養日をもうけた多くの学校が、休養日を平日に設定している。問題なのは土日の部活であるにもかかわらず、平日に設けているのだ。

土日は大会があったり、まとまった練習時間がとれるなど、休養日にできない理由は想像できるが、過重労働解消のための休養日という導入目的からはズレており、教員の働きすぎの解消にはつながらない。過重労働問題に取り組んでいるとのパフォーマンスと受け取られてもしかたがないだろう。

部活の休養日を設定するように求めた先述の文科省通知を受けて、わたしは、あるメディアで「長時間労働の解消なら、部活より授業に休養日を設けてはどうだろうか」という記事を書いたことがある。

文科省の「教員勤務実態調査の集計について」でも、教員の平日における勤務時間で授業や授業準備などが増加しているとの結果が出ている。しかも、ますます授業時間は増える傾向にある。

教員の過重労働を問題にするなら、授業時間を減らすことを考えなければいけない。部活に休養日を設けるなら、授業にも「休養日」を設けて減らしたほうがいいのではないか、という趣旨の記事だった。

そうしたら、「授業より部活を優先するとはケシカラン」とか、「部活は授業科目ではないのだから、やらなくてもいい」といった意見がSNS上にアップされた。この反応には正直、驚いた。もちろん、そうした非難のコメントばかりだったわけではない。

まず断っておかなければならないのは、「授業より部活動を優先しろ」という趣旨の記事ではなかったということだ。

教員の過重労働が問題にされるとき、必ずといっていいほど部活問題が引き合いにだされ、部活だけが元凶のような論調がまかりとおってしまっている。部活に問題がないとはいわないが、部活だけが悪者にされ、その活動時間を減らせば教員の過重労働が解消するかのような論調には抵抗がある。

一方で、「問題1」でふれたように、全国学力テスト対策で余計な時間が増えて子どもや教員の負担が重くなっていることに、保護者をはじめ世間の関心は薄すぎる。

二〇〇八年の学習指導要領改訂（中学校での完全実施は二〇一二年度）で、文科省は「脱ゆとり教育」へと方針を転換し、それによって授業時間が増やされた。授業時間は以前より一割増え、学ばなければならない内容も大幅に増えたのだ。そのため教員が授業のために割く時間が増え、さらには授業準備や成績処理、学年・学級経営に割く時間も増加している。そのことに文科省が対応策を示すわけでもないし、多くのマスコミも問題として扱ってこなかった。

教員の過重労働が問題であるなら、部活より先にまず、この部分の見直しを優先すべきである。それをしないかぎり、過重労働問題は改善されることはない。

「授業に休養日を」の記事は、過重労働を招いている増えすぎた授業時間も見直すべきではないか、という趣旨だったのだ。その趣旨がうまく伝わらなかったことについては、第一にわたしの力不足があるのは認めざるをえない。それにしても、ここまで部活悪者論が浸透してきているのか、と改めて実感させられた。

それは、「授業時間なら増やしてもいい」が、「授業時間以外のものはいらない」という考え方が強まっていることの表れでもあるようだ。特に保護者の間では、そういう考えが強くなってきている。

ベネッセホールディングスの社内シンクタンクであるベネッセ教育総合研究所が、三歳から十八歳までの子どもをもつ母親を対象に行った意識調査の結果を二〇一七年十月に発表している。それによれば、「運動やスポーツをするよりももっと勉強してほしい」と考える母親は、全体の三九・四％となっている。同様の調査結果を二〇〇九年にも発表しているが、そのときより一二・六ポイントも増えているのだ。

さらに、「音楽や芸術の活動をするよりももっと勉強してほしい」と考える母親も、四四・四％に達している。二〇〇九年にくらべると、一二・七ポイントの増である。

「部活より勉強をしてほしい」というおもいが母親たちのなかで強くなってきていることが、容易に想像されるだろう。部活より勉強を優先して一流校に進学したほうが、子どもの将来のためになる、と考えているのかもしれない。

部活に休日を設けたりと活動に制限を加える動きは、そうした母親には歓迎される。教員の過重労働問題をかわすことにもなるので、教育委員会にとってはまさに一石二鳥といえる。だからこそ、部活に休みを設ける動きは、たちまち全国に広がっていった。

さらに名古屋市教育委員会は二〇一八年三月、市立の小学校で行われている部活について、教員が携わるかたちでの実施を二〇二〇年度末で廃止する方針を明らかにしている。その理由を、「授業などで児童に向きあう時間を確保する狙い」と名古屋市教委は説明しているらしい。

事務処理など「児童に向きあわない時間」の削減はいっこうに進まないなかで、「児童に向きあう時間」である部活を制限する動きは急激に進んでいるのだ。

しかも、子どもにとって部活は、授業だけでは得られないことを経験する機会として重要な時間である。新学習指導要領は、変化が激しい社会を生き抜くために多様な資質・能力を育成する必要がある、と述べている。そのためにも、部活は重要な時間であるはずだ。その部活を「廃止」する方向に突き進んでいるのだ。

保護者をふくめ授業を優先しすぎる傾向が、子どもたちから大事な成長の場を奪おうとしている。

そして、廃止しても文句のつきにくい部活は、ますます教員の過重労働問題のスケープゴートにされていく。学校が、おかしな方向に走りはじめている。

勤務時間激増でも子どもと向きあう時間がない教員

二〇一八年二月九日、文科省は「学校における働き方改革に関する緊急対策の策定並びに学校における業務改善及び勤務時間管理等に係る取組の徹底について」という長々しいタイトルの通知を、各都道府県教育委員会と各指定都市の教育長宛てにだしている。そこには、次のように記されている。

「限られた時間の中で、教師の専門性を生かしつつ、授業やその準備に集中できる時間、教師自らの専門性を高めるための研修の時間や、児童生徒と向き合うための時間を十分確保し、教師が日々の生活の質や教職人生を豊かにすることで、自らの人間性を高め、児童生徒に対して効果的な教育活動を行うことができるよう、（略）必要な取組の徹底をお願いします」

なんとも「立派な文章」である。教員の働き方は、こうあるべきなのだろう。文科省は教員の働き方を理解している、といえなくもない。

しかし、こうしたことを「お願い」しなければならないのは、現実がそうなっていないからだ。文科省がこうした通知をあえてださなければならないほど、教員の働き方は文科省が考える働き方とは乖離してしまっているともいえる。

たとえば、通知には「児童生徒と向き合うための時間を十分確保し」とあるが、教員と話をしていると「忙しすぎて子どもたちと向きあう時間が十分にとれない」といった不満をよく聞く。教員の本来の仕事は「児童生徒と向きあう」ことのはずだが、それができていないのが現実というわけだ。

その現状を文科省は放置してきたのだが、ようやく現実を認めたことになろう。そして、「改革」を口にしはじめたのだ。

教員の過重労働の実態については、先述した文科省の「教員勤務実態調査（平成二十八年度）の集計（速報値）について」（二〇一七年四月公表）でもはっきりしている。それによると、二〇一六年度は二〇〇六年度にくらべて、一般教員の一週間あたりの学内総勤務時間は小学校で平均四時間九分増えている。中学校では、五時間十二分も増えた。これだけをみても、問題になっている教員の過重労働の実態がうかがえる。

残業についても、厚生労働省（厚労省）が定めている「過労死ライン」に達する週二十時間を超える小学校の教員が、三三・五％に達している。中学校の教員になると、約六十％にもなっていた。

しかし問題なのは、ただ勤務時間や残業が増えていることだけではない。「勤務時間が増えて、たいへんね」とか「教員は忙しくてかわいそう」で済ませてはいけない。

問題にしなければならないのは、勤務時間が増えているにもかかわらず、子どもと向きあう時間が十分に確保できていない、ということである。教員としての本来の仕事ができていないのだ。

子どもたちと向きあう時間を「十分確保し」と通知で述べているくらいだから、その点は文科省も大問題として捉えていることになろう。それゆえ通知では、「対策」が列挙されている。

そこで一貫して指摘されていることといえば、「役割分担・適正化」でしかない。これまでの学校業務は非効率なので、もっと効率よくやれ、といっているだけなのだ。

学校の業務改善について通知は、「業務の役割分担・適正化を着実に実行するために教育委員会が取り組むべき方策について」という項目の最初の部分に、次のように記している。

「学校の業務改善に関して、時間外勤務の短縮に向けた業務改善方針・計画を策定すること」

つまり、ムダを洗いだして改善しろ、というのだ。従来の学校業務にはムダが多い、教員が過重労働になっているのはムダな働き方のためだ、といっているに等しい。

当然ながら、文科省の通知に対して、教員からは「文科省は現場をわかっていない」といった不満の声が多い。学校の業務改善を、文科省は机上でしか考えていないのだ。

業務改善をするには、一人あたりの業務量を減らすのが、いちばん手っ取り早い。それにはやはり、人手が必要になる。業務改善には人手を増やすことを検討しなければならないということは、文科省もわかっているらしい。

だからこそ通知では、「学校の業務だが、必ずしも教師が担う必要のない業務」として、例を示している。

休み時間における子どもへの対応については、「全ての教師が毎日、児童生徒の休み時間の対応をするのではなく、例えば、地域人材等の参画・協力も得ながら」としている。校内清掃についても、「地域人材等の参画・協力を得たり」とある。さらに、教員の過重労働問題のスケープゴートにされている印象のある部活動についても、「外部人材の積極的な参画を進めること」としている。

このように、地域人材とか外部人材を活用する提案が多用されているのだ。

それを積極的にすすめようとするのなら、予算をどうするかの案が示されているべきである。もしくは、「検討する」の一言くらいあってもよさそうなものだ。しかし、そういう文言はひとつもない。

つまり、人手が必要との認識はあっても、そこに積極的な予算措置を講じていく考えが文科省にはないのだ。外部人材や地域人材とは、「ボランティア」を意味している。学校業務での人手不足解消を、文科省は「無償で手伝ってくれる誰か」に期待しているにすぎない。

なお、すでに小学生の通学路の安全管理のためにボランティアが活躍している例はある。シルバー人材の活用という側面もあるが、保護者が半ば強制的に動員されているケースも珍しくない。

そうしたボランティアの数を、もっと増やそうと文科省は考えているのかもしれない。タダ同然で動員できるボランティアを増やせば、予算措置の必要なしに学校の業務改善は実現できる。

しかし、都合よく能力のあるボランティアが集まるのかどうかは疑問だ。無報酬で労働を提供する人が増えるとはおもえないし、共働きが増えている状況で保護者をボランティアに引っ張りだすのは酷でしかないからだ。

「いくら文科省が改善を叫んでも、それが机上の空論では何も変わらないとおもいますよ」

ある小学校教員がポツリと言ったことが印象的だった。学校現場からみて「机上の空論」でしかない案では、とても業務改善など期待できない。

「働き方改革」をあきらめられたのに立ち上がらない教員

二〇一七年三月二十八日、政府は「働き方改革実行計画」をまとめ、残業時間の上限を「月四十五時間、年間三六〇時間以内」とする原則を決めた。残業時間に政府として上限規制を設けたことについて安倍晋三首相は、「二〇一七年が日本の働き方が変わった出発点として記憶されるだろう」と胸を張った。

先にふれたように、週二十時間の過労死ラインを超える小学校教員が全体の三割以上、中学校教員では六割近くにもなっている。これを政府が規制するとなれば、教員の過重労働問題は大幅に解決することになるはずだ。

しかし、政府の上限規制が適用される対象に、公立学校の教員はふくまれていない。「働き方が変わった」と誇らしく語った安倍首相だったにもかかわらず、教員を見捨てたことになる。

こうした理不尽な状況に、大学教授や教育評論家らが立ち上がった。「教職員の働き方改革推進プロジェクト」を発足させ、二〇一七年五月二日から「教職員の時間外労働にも上限規制を設けて下さい‼」という署名運動をインターネット上でスタートさせたのだ。

その呼びかけ文には、文科省の教員実態調査よりさらに深刻な現実も示されている。過労死ラインを超える労働をしている教員は、小学校で五五・一％、中学校では七九・八％にもなっているという。これは、連合総合生活開発研究所（連合総研）が二〇一五年に行ったアンケート調査をベースに算出したものである。

つまり、半数以上の教員が過労死ラインを超えていることになる。一刻も早く問題を解消しなければならない労働現場であるにもかかわらず、安倍首相は知らぬ顔を決め込んだわけだ。

プロジェクトが署名を呼びかけた対象は教員だけではなかった。その理由を、署名の呼びかけ人の一人でもあり、事務局長も務める青木純一・日本女子体育大学教授は、次のように語った。

「もはや、教員の働き過ぎを学校だけで解決するのは、とても難しい状態にまでなってきています。改善するには、外から規制していくしかない。上限規制という環境を整えることが、いま必要だと考えて署名運動をスタートさせました」

運動は、二十万人の署名を集めることを目標にスタートした。そして二〇一八年一月二十二日、プロジェクトは文科省に署名を提出したが、それまでに集まった署名の数は五十万人分を超えていた。当初の目標をはるかに超える数の署名が集まったことになる。

この署名の多さが、教員の過重労働問題への社会的な関心の高さを示している。しかし、この数字に疑問がないわけではない。

教員には教員採用試験に合格して採用されている本務者と、それ以外の非正規がいる。最近では賃金の低い非正規が増える傾向にはあるが、ともあれ、文科省の「学校基本調査」（二〇一七年度）によれば小学校教員は、本務者だけでもおよそ四十一万人もいる。中学校でも二十五万人だ。両方を合わせれば六十六万人にのぼる。

何がいいたいかというと、教員の数に対して署名の数が少ないのではないか、ということだ。先述の署名五十万人分が仮にすべて教員によるものだとしても、十万人分が足りない計算だ。すでに述べたように、署名運動の対象は教員ばかりではないので、署名していない教員がかなりいるのではないだろうか。

わたしとしては、教員は当然みなこの運動に賛同し、署名しているものだと、おもっていた。

そこで、署名運動が始まってしばらくしたころに、中学校教員の一人に運動について訊いてみたことがある。彼は次のように答えた。

「そんな運動があるんですか。知りませんでした。まわりでも話題にならないし、わたしだけの感想かもしれませんが、教員の関心は高くないような気がします」

取材のなかでも、過重労働についての不満を口にする教員は多い。そうした声をとりあげるメディアも少なくない。にもかかわらず、その過重労働改善のための署名運動については関心が薄いようなのだ。とても、おかしな現象である。

そもそも署名運動のプロジェクトからして、発起人は「大学教授や教育評論家」なのだ。教員の問題なのだから、主体は教員であって当然ではないだろうか。当事者の教員自身が声をあげてこそ、周囲の関心もより高まるというものである。

ところが現実には、「どこそこの学校の教員たちが過重労働に抗議して、教育委員会や校長に抗議した」といった話は聞かない。皆無といっても過言ではない。

グチは口にするけれども、積極的に改善につなげる発言や行動はしない、実はこれが教員特有の性質でもある。それこそ、過重労働問題を深刻にしている最大の要因なのではないだろうか。

過重労働は、タイムカードで改善できるのか？

文部科学大臣の諮問機関である中央教育審議会（中教審）は、学者や経営者などが委員となっている。大臣から諮問されたテーマについて審議し、意見を述べる立場にある。文科省の重要な方針は、中教審の意見を基に決めることになっているので、教育行政に大きな影響力をもつ存在といえる。

その中教審の「学校における働き方改革特別部会」が、二〇一七年八月二十九日に「学校における働き方改革に係る緊急提言」を発表した。

そこでは「校長及び教育委員会は学校において『勤務時間』を意識した働き方を進めること」として、過重労働問題の対策案を示している。教員の過重労働は、中教審も無視できない問題になってきたわけだ。

特別部会が示した対策の最初に、「業務改善を進めていく基礎として、適切な手段により管理職も含めた全ての教職員の勤務時間を把握すること」と述べ、「ＩＣＴやタイムカードなど勤務時間を客観的に把握し、集計するシステムが直ちに構築されるよう努めること」と提言している。

これは二〇一八年二月の文科省の通知にも反映され、「ＩＣＴの活用やタイムカードなどにより勤務時間を客観的に把握し、集計するシステムを直ちに構築するよう努めること」を各教育委員会に求めることとなった。中教審の提言を後押ししているといえる。中教審にいわれて文科省が従った、とも捉えられるだろう。

いま、教員の長時間労働が騒がれてはいるものの、詳しい実態は定かではない。現状は教員の自己申告でしかないので、「オーバーにいっているだけだろう」といわれれば反論のしようがない。だから、無視しようとすれば、無視できるのだ。実際、文科省や教育委員会は無視してきている。

それゆえ中教審の特別部会が、勤務時間を正確に把握できるシステムをつくれ、と厳しい提言をしたことは大きい。それによって過重労働の実態がはっきりすれば、文科省や教育委員会も無視できなくなり、否が応でも対策をとらなくてはならなくなる。

これまで過重労働問題を無視してきた文科省や教育委員会にしてみれば、困ったことになりかねない。たいていの審議会は、置かれた省庁の意向にそって意見をまとめる。省庁の方針に「お墨付き」を与えているにすぎない存在なのが実態だ。中教審も例外ではない。その中教審が文科省の尻を叩くような提案をしたのだから、画期的といえば画期的である。

新聞各紙は、この緊急提言の画期性を、「タイムカード」を主体にして報じた。

ただ、タイムカードを導入している学校は、実は皆無ではない。中教審特別部会の緊急提言のなかでも「文部科学省が実施した『教員勤務実態調査（平成二十八年度）（速報値）』によれば」として、次のように紹介されている。

「教員の毎日の退勤時刻の管理について『タイムカードなどで退勤の時刻を記録している』

と回答した学校は小学校で一〇・三%、中学校では一三・三%（中略）にとどまっており、いまだ限定的である」

全体の一割とはいえ、すでに導入している学校はあるのだ。ただし、その一割の導入例から、タイムカードが教員の勤務時間を把握するのに有効だと判断できるかどうかについて、提言はふれてはいない。ただ単に、一割の現状でしかないから、もっと増やせ、といっているだけのことだ。

「すでに導入しているところでも、まだ退勤していないのにタイムカードを押すように校長が指示したりしている例があるようですよ」

ある学校関係者はいった。正確にタイムカードで記録されることによって過重労働が明らかになれば、校長としても対応しなくてはならない事態につながりかねない。だから、「虚偽の記録」をつけるよう強要するのだという。

教員の長時間労働是正を検討している自民党の議員連盟は二〇一六年に、午後六時までに退校できる体制づくりを求める提言を行った。これに従って六時に強制的に退校させて、タイムカードに記録するようになれば、教員の勤務時間は意図的に「妥当」なところにおさめられてしまう。過重労働を指摘されても、学校側はタイムカードの記録をもちだしてきて「これくらいの残業時間しかない」と反論することも可能なのだ。

つまりタイムカードの導入は、過重労働の実態を明らかにすることも可能かもしれないが、「ごまかし」によって過重労働を否定する材料をつくることもできるわけだ。まさに「紙一重」である。

教員が長時間の労働を余儀なくされているのは、長時間でなければ片付かない量の仕事があるからだ。それを無視して、退勤時刻ばかり強制してみても問題は解消しない。

文科省は二〇一七年八月二十三日、教員の負担を軽減するために、配布物の印刷や会議の準備などの事務作業を代行する「スクール・サポート・スタッフ」を、全国の公立小中学校に配置するための予算を概算要求に盛り込んだ。

しかし、その数は三六〇〇人にすぎない。公立小中学校は、全国に約三万校ある。三万校に対して三六〇〇人では全校に行き渡らないのは明らかで、「焼け石に水」でしかない。

こんな対策しかできない現状でタイムカードを導入して、教員の退勤時間を厳しく監視するようになれば、仕事は終わらないので、「自宅での残業」をやるしかなくなる。その分はタイムカードに記録されないので、完全になかったことにされてしまう。たとえば過労死認定の際に勤務時間が問題にされたとき、長時間労働はいっそう証明しづらくなる可能性もある。

これまで自己申告で曖昧だった勤務時間について、正確な記録を残すことには大きな意味がある。しかし、不正が介入しやすいという点を甘く考えていると、事態を深刻化させかねないことも忘れてはならない。

教員にとっては、「中教審が教員の味方をしてくれた」と手放して喜んでいい状況ではないのだ。タイムカード導入に反対する気はないが、それが過重労働解消のキーであるかのように、過剰に期待されはしないかと危惧している。

教員に相応の残業代が支払われない根拠となっている「給特法」

長時間の残業を教員は強いられている。一般の企業であれば、当然ながら残業時間に対し残業代が支払われる。それを支払わないで社員を働かせれば、「ブラック企業」の烙印が押されることになる。

実は、学校は教員に残業時間にみあった残業代を支払ってはいない。つまり、学校はブラック企業も同然なのだ。

学校にタイムカードが導入されて残業時間が正確に把握され、もしその数字に対して残業代が支払われるとなったら、文科省や自治体はたいへんな出費を強いられることはまちがいない。そんな事態を文科省も自治体も望むわけがないので、本心としてはタイムカードの導入はしたくないはずである。

それでも文科省が通知でもってタイムカードの導入を促しているのは、残業時間の把握と残業代の支払いをひとくくりに考えてはいないからにほかならない。

教員の残業に対して相応の残業代を支払わないことは、法律で決まっている。残業時間が把握されるようになったとしても、この法律を変えないかぎり、サービス残業を強いられる教員の立場に変わりはない。

教員に残業代を支払わなくていい根拠になっているのが、「給特法」と呼ばれている法律である。正式には「公立の義務教育諸学校等の教育職員の給与等に関する特別措置法」という長ったらしい名前で、一九七一年五月に成立し、翌年一月に施行された。

それ以前は、教員も労働者の一員として労働基本法が適用されていた。一日八時間労働制で、時間外労働には残業代が支払われることになっていたのだ。

ところが現実には、労働省、人事院までが教育委員会を指導したにもかかわらず、残業代は支払われなかった。そのため訴訟が繰り返され、裁判所は法律に従って残業代の支払いを命じる判決を繰り返した。

この事態に危機感をもったのが、当時の文部省（現・文科省）である。予算的なこともあるが、訴訟を繰り返し、勝利していく教員の発言力が大きくなることを恐れたのだ。そして考えだされたのが、給特法だった。

この法律によって、基本給の四％が「教職調整額」という名の残業代として支払われることになった。残業の平均的な時間数に見合う残業代が、基本給の四％と算出されたのだ。

無条件に四％を支払うことにし、残業時間の上限にはふれられていない。当時の平均残業時間を考えれば妥当な額だったので、教員はおとなしくなった。残業しなくても残業代がもらえるので、喜ぶ教員も少なくなかったという。

しかし、これが青天井の残業を受けいれることにつながっていく。

当時の平均的な残業時間数は「月間八時間程度」でしかなかったのだが、その後急激に増えていった。文科省による「教員勤務実態調査（平成二十八年度）の集計（速報値）について」でも、中学校教員の総勤務時間の平均は週で六十三時間十八分である。当然、給特法ができた当時にくらべて大幅に残業時間も増えている。

にもかかわらず給特法によって、「残業代」として支払われているのは、現在でも「基本給の四％」のままである。

四％ではなく、残業時間数に応じた残業代を教員が要求していれば、いまの残業代はかなりの金額になっているはずだ。その前に、膨れあがっていく残業代に恐れをなし、文科省は早くから教員の働き方の改善をすすめ、残業時間が増えないように調整していたかもしれない。もしくは、教員増員にもっと本気で取り組んでいただろう。そうすれば仕事量でも、残業時間においても、教員の過重労働が問題になっていなかった可能性がある。

しかし教員が「四％」を受けいれ、青天井の残業を黙認したために、仕事量が増えていくなかで深刻な過重労働の状態となってきた。現在の過重労働問題を招いた責任は、教員側にもあるのだ。

「子どものため」だから過重労働を受け入れるのか？

相応の残業代がつかない残業を、教員は強いられている。そのことに本心では不満をもっていても、職場で文句をいうことはない。なぜなのか。教員に訊いてみると、必ずといっていいほど返ってくる答がある。

「子どものためですからね。子どものためだからといわれれば、嫌といえないんですよ」

そうした発言についてベテラン教員の一人は、

「聖職意識のためですよ。教員という職業は聖職だから、文句をいってはいけない、という意識が根強くある」

と説明した。

さて、「聖職」とはそもそもどのような意味か。辞書（『大辞林』初版）で調べてみると、「神聖な職業」とある。そして「聖職者」として、「神官・僧侶・主教・司祭など」という職が並べられている。宗教上の職業、それも位の高い職業を指しているようだ。ちなみに、教員または教師はそこにふくまれてはいない。

しかし、教員は自分たちの職業を、聖職者と同じような「特別な仕事」と考える傾向が強いらしい。その典型的な表れが、一九四七年に結成大会を開いた日本教職員組合（日教組）が一九五二年に決定した、十項目からなる「教師の倫理綱領」である。これは教員の基本的性格と行動の基準を定めたもので、その八項目めで「教師は労働者である」と謳《うた》われている。

改めてそう宣言しなくてはならなかったのは、「教師は労働者ではない」とおもわれていたからだといえる。労働に対価を求めない人たちだと認識されていたのだ。

それを否定した日教組は、一九六〇年代に残業代の支払いを求める訴訟を起こしていく。労働者として当然の権利を行使したといえよう。そして、教員への残業代支払いを教育委員会に命じる判決が相次ぎ、一九六七年には当時の文部省が仕方なく残業代の予算を計上する事態になった。文部省、現在の文科省の敗北である。当然、勝利した日教組は勢いづき、発言力を増していく。

この状況に危機感を強くしたのが、日教組を目の敵にしている自民党文教族である。教員は労働者だと宣言して、労働者としての権利を主張する日教組に対して自民党文教族は、「教員は労働者ではなく聖職者である」との反論を繰り広げていく。一般の労働者とはちがい、尊敬されるべき僧侶などと同じだというのだ。「だから尊敬しなければならない」、とはならないところが不思議である。

自民党文教族の理屈は、「聖職者なのだから、カネのことなどうるさくいわないで、犠牲的精神で仕事に専念しろ」だった。残業代で騒ぎたてるのは聖職者としての自覚が足りない、ケシカランという理屈で反論していったのである。聖職者という範疇《はんちゅう》に教員を閉じ込めてしまうことで、発言力を削いでしまおうとしたのだ。僧侶のように尊敬するどころか、むしろ虐待である。

念のためにいっておくと、このときに初めて「教員＝聖職者」という概念ができたわけではない。現在に続いている学校制度がつくられた明治時代から、意図的につくられてきたものだといっていい。教員を「先生」と呼ばせる慣習に、そのことが象徴されている。

そのことに満足してきたのが教員なのかもしれない。先生と呼ばれることで、自らを特別な立場であると錯覚してきたともいえる。

だから、過労死ラインを超える長時間労働をはじめとする過重労働を改善する声が、教員の間で大きくなっていかない。自ら待遇改善を求めることなど、「聖職者である教員にはふさわしくない」とおもっているようだ。

自民党文教族によって強調された「聖職者」というイメージのなかに、教員自らが閉じこもってしまったとはいえないか。一般の労働者とは一線を画すことが、先生と呼ばれる教員の「誇り」になってしまっているかのようだ。

そして保護者をふくむ周囲も、そのイメージを受け入れてしまっている。先生と呼ばれる人たちは自分たちとはちがう、という認識を無意識のうちにもっている。自らの待遇に文句をいわずに献身的に働くのが教員だ、と決めつけてしまっているのだ。

こうした教員と周囲の「教員＝聖職者」意識が、教員の過重労働問題を深刻な状況にまでしてきた。

教員は「子どものために」というが、過重労働問題に自ら向きあわない「言い訳」でしかない。過重労働で子どもと向きあう時間はどんどん少なくなっているにもかかわらず、それでもまだ「子どものために」といい続けているのだ。

保護者にしても、教員は聖職者のように奉仕すべきだとおもいこんでいる節がある。家庭の役割すらも教員に押しつけて、当然のような顔をしているケースも珍しいことではない。

モンスターペアレントと呼ばれる存在になっている自らの姿を、顧みようともしない人も多い。

そのうえ保護者は教員の過重労働問題について、真剣に考えていない傾向が強い。自分の子どもにとって身近で重要な存在であるにもかかわらずだ。それは、対価を求めず何でもやってくれる聖職者としてしか、教員をみていないからではないだろうか。

「教員＝聖職者」の誤った認識が、教員の過重労働を深刻なものとし、教育現場を悪化させている。そして、子どものためにならない環境が急速につくられていっているのだ。

問題3

受験と格差

「部活」が悪者にされている。教員の多忙化も部活の活動時間を制限することで改善されるような風潮が強まってきている。しかし、部活を制限したところで、教員の多忙は解消されないのは、「問題2」でみたとおりだ。それでも部活が悪者にされるのは、「子どもは勉強だけしていればいい」という保護者の「本音」が利用されているからにすぎない。そしてそのような親の心理は、学歴社会の色をよりいっそう強めることになってしまっている。

学歴社会から抜け出せない親たちの心の内

ベネッセ教育総合研究所の母親の意識調査結果（二〇一七年十月）によれば、「子どもにはできるだけ高い学歴を身につけさせたい」とする母親は全体の六四・四％を占めている。しかも、二〇〇九年の同じ調査より、四・九ポイント増えている。我が子に高学歴を期待する母親は増えているのだ。

そうした母親の期待を反映しているのが、受験である。高校受験や大学受験だけが受験だとおもわれていたのは昔のことで、特に都会の小学生にとってはいまや、「中学受験」は当然のことになっているようだ。

その中学受験を勝ち抜くためには、「小学四年生では遅すぎ、三年生からの学習塾通いは常識になってきている」（中学受験生をもつ都内在住の母親）のだそう。

実際に首都圏では、中学受験者数は増加傾向にある。

二〇一八年四月十五日に、中学受験の公開模試を行っている首都圏模試センターが発表した「中学入試レポート」によれば、同センターの推定による二〇一八年の首都圏入試の受験者は前年から約八五〇人増えて、四万五〇〇〇人に達したという。二〇〇八年のリーマンショックで景気が冷え込むと同時に減少してきた受験者数は、二〇一五年から上昇傾向に転じ、二〇一八年は四年連続の増加となっている。

さて、こうした進学問題は小学生の場合、本人の意思よりも保護者のほうに決定権があるといっていい。親に強くいわれれば、それを否定できるほど小学生の自我が確立されているわけでもないからだ。

首都圏での中学受験者が増加傾向にあるということは、保護者の教育熱、それも「名門校への進学熱」が高まっていることを示している。ではなぜ、保護者の進学熱は高まっているのか。我が子の進学に何を期待しているのだろうか。小学生の娘二人をもつ都内在住の父親に訊いてみた。

「いわゆる『いい学校』に進学して『一流の会社』に入るという道を自分の子どもに歩ませ

たいというのは、子どもに幸せになってもらいたいからにほかなりません」

少し考えてから、そのように彼は答えた。その言葉からは最初、「学歴信仰」が連想された。いい大学を卒業すれば、いい会社にはいることができ、そうすれば安定して豊かな人生が手に入る。そうした学歴社会を信じることが、子どもに高学歴を期待する前提になっているように聞こえたのだ。

そこで彼に、「いまでも日本は学歴社会だとおもうか」と訊いてみた。学歴社会が存在しているとするならば、いい大学に入学したほうがいい。それには中学や高校は進学率の高いところを選んだほうが有利だし、そのためには中学受験も必要だし、早くからの学習塾通いも当然なのかもしれない。

その質問に彼は苦笑いを浮かべながら、「確固たる学歴社会が存在しているとは考えていません」との答をもどしてきた。

「いい大学を卒業したからといって、いい会社に入れるとはかぎらない現実があることは、知っています。そして、いい会社に就職できたからといって、それで幸せになれるともおもっていません。一流といわれる会社でも、経営危機に陥る時代ですからね。大企業に入ったからといって、安定した生活が一生続く保証があるともおもっていません」

一流といわれる学校や会社に入ることだけで、子どもの幸せが約束されると信じている単純な「学歴信仰」ではないのだ。「でもね」と、彼は続けた。

「でもね、学歴で人を判断する現実はありますよね。たとえば、東大卒と、地方の名前も知られていないような大学を卒業したのとでは、受け取られ方に大きな差があるのは事実です。東大卒というラベルがあるほうが有利になる場面が多いのも現実です。

もちろんラベルは絶対ではないけれど、それがないために損をすることはあります。それに、ラベルがあることによって広がる可能性もあるのではないでしょうか。

だから学歴は、持っていないより、持っていたほうがいい。持っていても役にたたないかもしれないけど、必要なときに持っていなかったら可能性を潰すことになりますからね。そうならないためにも必要なんです」

さらに、自分を納得させるような口調で、彼は続けていった。

「入学試験を乗り越えれば、より高い可能性につながるラベルを手に入れることになります。だから子どもに受験をさせるし、『合格しろ』という。そのために、安くない学習塾の費用も払っているわけです」

保護者は、単純に学歴社会を信じているわけではない。学歴だけで我が子が幸せになれるのであれば、もっと親の進学熱はエスカレートしているはずである。

とはいえ、学歴社会を完全否定できるだけの材料も、保護者はもちあわせていない。それをもっていれば、高い授業料を払ってまで我が子を学習塾にいかせたりはしないのかもしれない。「可能性」という不確実なものに、保護者は賭けるしかないのだ。

「いい学校に入るため」ではない？ 子どもたちが中学受験をする理由

一流といわれる学校へ進学することに、子どもたちは意義を感じているのだろうか。小学校の三年生や四年生から学習塾に通って夜遅くまで勉強し、休日も模試などで自由な時間が狭められていることに、不満をもっていないのだろうか。

ある有名進学塾で小学生を教えているベテラン講師が、うれし気に次のように語った。

「入塾の際の面接で子どもたちに、『なぜ受験するのか』と質問したんです。そうしたら、いい学校に合格するためとか、いい会社に就職するためと答えた子は、ただの一人もいませんでした」

これだけ聞くと、「学歴のためだけに勉強しているわけではない、意識の高い子どもたちなのだろうか」とおもう。同時に、疑問を感じずにはいられない。それならば、なぜ子どもたちは進学塾に通っているのだろうか。進学塾である以上は、いちばんの目標は「合格」ではないのか。

その講師に質問せずにはいられなかった。

「その子どもたちは、何のために塾で勉強し、受験することを考えているのでしょうか。受験しなくてもいいいし、合格しなくてもいい、と考えているわけではないですよね」

その質問にベテラン講師は、苦笑いしながら、次のように答えた。

「自分のやりたいことを見いだし、自立して生きていくために、という答が多かったんです。たくましい答ではあるわけです」

ただし、その講師も子どもたちの答に大満足しているわけではなかった。有名進学塾の生徒らしい、優等生的なニュアンスを感じてもいるのだという。

「いい中学校、高校、大学にいくために受験勉強するというのを口に出すのは、かっこよくない、といった風潮はあるようです」

とも、ベテラン講師はいった。進学塾に通っているのだから、「いい学校にいく」ことを目標としてもっているのはまちがいない。それをあえていわないのは、ただ「かっこ」を気にしているのだ。講師は続けた。

「国語の入試問題でも、『なぜ学ぶか』を問うような問題が目立つようになったな、と私も感じています。ストレートな訊き方ではなくても、そうしたことに対する子どもたちの答を求めるような問題です。そういう問題には、『いい大学に入るため』という正解はふさわしくないわけで、それが正解ではないことを子どもたちも受験勉強のなかで感じているみたいです。だから、受験の目的を訊ねても、『いい学校にはいるため』と答えるのを避けているのかもしれません。無意識にそう判断しているのかもしれませんが、正解でないものを答えるのは、かっこ悪いんですよ」

その結果子どもたちが返してくる答が、「自分のやりたいことを見いだし、自立して生きていくため」ということなのだ。とても高尚だし、かっこいい答である。ほんとうに子どもたちがそう考えているのであれば、「生活のために我慢して働いている」といっているような大人たちを、意識の面では超えているといえるかもしれない。

そこでベテラン講師に、「子どもたちの『やりたいこと』って何なんでしょう。受験して合格した学校に、それはあるんですか」と重ねて質問してみた。彼も、ちょっと困ったような顔になったのが印象的だった。

「中学受験して合格すれば、中高一貫の私立校なら高校受験はしなくても済む。高校受験のための準備は必要なくなって、時間に余裕ができる。その余裕で、『やりたいことを探す』といっていました」

志望校で「やりたいこと」があるわけではないらしい。では果たして、時間に余裕ができれば「やりたいこと」を見つけることができるのだろうか。そういうふうに子どもたちが本気でおもっているのなら、小学生のうちからもっと余裕のもてる生活を提供するのが大人の役割でもある。受験のために夜遅くまで学習塾で勉強するような生活を子どもたちに強いる環境こそ、改める必要がある。

しかし現実は、子どもも保護者も受験のために必死になっている。進学や就職に有利になるかもしれないとの期待から、学校での成績には神経質になっている。「いい学校に入るために受験勉強する」といわない進学塾の子どもたちも、それを口にするのがかっこ悪いとおもっているからいわないだけのことで、やはり実際には、いい学校を目指すから進学塾に通っているのだ。

学習塾だけではなく、学校にしても「受験は重視しません」という姿勢は許されないようだ。公立中学校の教壇に立つ教員は、あきらめの表情で語った。

「進学や就職の問題を抜きに教育を語っても、保護者には『無責任』にしか聞こえないでしょうね。進学や就職を無視して、子どもの成長につながる指導をしていると主張してみても、成績を上げる指導をできない言い訳としか受け取られないのが、残念ながら現実です」

「人間を育てる」といった抽象的な指導目標より、テストの点数を上げるなど学力に関する具体的な目標を掲げなければ、保護者も子どもも納得してくれないのだ。受験を勝ち抜いていけば幸せになれると、保護者も確信をもっているわけではないが、それでも必死になっているのは、それがわかりやすい到達目標だからなのかもしれない。

我が子の将来を狭めかねない保護者の過干渉

我が子の将来について、保護者の不安は強まるばかりである。その不安が、「いい学校」に我が子を入学させたい気持ちに拍車をかけているのかもしれない。

イー・ラーニング研究所が二〇一七年八月に発表した「子どもの将来に関するアンケート」の結果によれば、八割近くもの保護者が「子どもの将来に不安を抱えている」と答えている。その不安の最大の理由は、「ロボットの発達により職種が狭まり、希望した職業につけないかもしれない」というものだった。

新学習指導要領も、いまの子どもたちが成人となる将来を「変化が激しい時代」と捉えている。たとえば二〇一七年度の小・中学校新教育課程説明会（中央説明会）で文科省が示した説明資料「新しい学習指導要領の考え方」でも、「予測困難な時代に、一人一人が未来の創り手となる」とし、「情報化やグローバル化といった社会的変化が、人間の予測を超えて進展するようになってきている」と指摘している。

ＡＩ（人工知能＝artificial intelligence）やロボットなど技術の飛躍的発展によって、社会も大きく変わり、働き方にも大きな変化がもたらされるとの予測にたっているのだ。だから教育も、従来の「詰め込み型」ではなく「多様な資質・能力を伸ばす」方向への転換が必要だという前提となっている。その方向に向けて教育が変わりつつあるかどうかはひとまず置いておくとして、「変化が必要」と考えていることはたしかなようだ。

保護者にしても、その認識はもっている。教育に限らず、あらゆる分野でＡＩが話題になっている状況は気になっているはずだ。オックスフォード大学の研究チームはＡＩ化によって、七〇二種に分類した現在のアメリカの職業のうち、約半数が消滅し、現在の労働者数の半分が職を失うとのショッキングなレポートを発表している。

そうした動きは、すでに身近なところでもはじまっている。二〇一七年十月、みずほフィナンシャルグループは、ＩＴ（情報技術＝information technology）による業務効率化で事務作業の削減や店舗の統廃合を行い、現在約六万人いる従業員を、これからの十年間で一万九〇〇〇人減らすという計画を発表した。そういった大胆な人員削減が可能な時代が、ほんのすぐそこまでやってきている。

保護者にとっては、とても無視できる状況ではない。「我が子のために何かしてやらなければ」とおもうのは、親として当然の気持ちだろう。

そんな保護者たちは、我が子にどんな職業に就いてほしいとおもっているのか。前述のイー・ラーニング研究所の調査結果（複数回答）によれば、第一位が「プログラマー（SE）」だった。情報化社会の進展で、プログラマーやSE（システムエンジニア）の需要は今後増えていくと予想されている。確実に食べていける職業、と保護者には認識されているのかもしれない。

二〇二〇年から実施される新学習指導要領では、小学校でプログラミング教育を実施することが決まっているが、これは食べていける職業に就くための力をつけさせようという、学習指導要領の「親心」との見方もできる。

プログラマー、SEに次いで保護者が我が子に望んでいる職業は、「公務員」である。情報化社会にふさわしい職業であるかどうかについては疑問はあるが、とりあえず「食いっぱぐれのない職業」とされているのが公務員だ。公務員になれば将来の不安もなく、子どもは幸せな人生を歩んでいける、と考える保護者が少なくないことを示している。

しかし、変化が激しい時代になるのだから、現在の小学生や中学生が職業に就く年代になったときに、プログラマーやSE、公務員が安定した生活を保証される職業であるかはわからない。それでも、我が子の職業について、あれこれと心配せずにはいられないのが保護者の心情なのだろう。

そうして心配するだけならいいのだが、あれこれと口を出さずにいられないのも保護者である。

ある有名大学の就職支援担当部署の部長は、次のように語った。

「就職先を決めるのは、学生本人の意志というより、親の発言力によるところが大きいのが現実です。学生も、驚くくらい親のいうことを聞く傾向にあります。自分が興味のある会社でも、親に『ダメ』といわれれば、簡単にあきらめてしまう例も珍しくありません」

保護者としての発言やアドバイスが適切なものであれば、子どもにとってはもちろん有意義なのだが、部長は次のように続けた。

「親が判断の基準にするのは、自分の経験でしかないんです。たとえば、娘が銀行への就職を希望しても、銀行員の父親が『銀行の仕事はハードだから止めておけ』となります。すべての銀行が父親の銀行と同じわけでもなければ、すべての銀行員が父親と同じ立場にいるわけでもないんですけどね」

さらには、保護者が我が子の就職先として希望するのがいわゆる「一流企業」という傾向は、変わらないという。

「学生がエントリーする企業の候補を相談すると、『そんな会社は知らないからダメ』と親にいわれてしまうそうなんです。すると、エントリーを取り下げてしまう。

誰もが知っている会社なんて、そんなに多くありません。親のいうことを聞いて有名企業に学生が殺到するので、その会社の採用倍率は高くなり、競争が激化します。就職希望者より求人が多い『売り手市場』といわれる状況ですが、学生にしてみれば、就職したい企業になかなか採用してもらえない『就職難』でしかありません」

中小企業庁の「二〇一七年版中小企業白書」によれば、日本には三八二万社もの会社があるといわれているが、そのうちいわゆる「大手」とか「誰もが名前を知っている会社」となると、〇・三%しかない。九九・七%が中小企業など「名前を知られていない会社」であるにもかかわらず、そこへの就職を希望しても親の反対を受けることになりかねないのだ。

我が子を心配するあまり、保護者は就職先にすら口をはさむ。参考意見にとどまらず、「決定権」を行使することも珍しくない。

親の意見が確かな予測と判断によるものなら、それに従ったほうが賢明なこともあるだろう。しかし親の意見は、往々にして表面的な知識だったり、個人の経験だけによるものでしかない。狭い視野で予測も判断も行われているにすぎないのだ。

「誰もが知っている会社」といっても、その会社が未来永劫、安泰とはいえない。大手での仕事が充実した人生につながるともかぎらない。現に、「誰もが知っている会社」さえ経営危機に陥っているし、大手で働きながら自殺する社員もいる。そうしたことはニュースなどで見知っているはずなのだ。

にもかかわらず保護者は、我が子に大手企業に就職することを求める。そのために有利になると信じる「いい学校」に進むことを求める。学校での成績にこだわるのも、そうした将来につながると考えるからにほかならない。このような保護者の過干渉は、ほんとうに子どもの成長や幸せにつながっているのだろうか。

教育の私的負担の大きさが保護者を苦しめている

保護者が子どもの進路について、ここまで口を差し挟んでいる背景には、教育のために決して軽くはない経済的な負担を強いられているという事実がある。

OECD（経済協力開発機構）の「図表でみる教育　二〇一七年版」によると、教育関係費について、日本が加盟国のなかで二位にランキングされているものがある。それは、大学などの高等教育に対する「私費負担」の割合である。

日本の私費負担は六六％で、トップのイギリスの七二％に次ぐ数字となっている。言葉を換えれば、国などの公的支出が少ないために、保護者が大きな負担を強いられている、ということになる。

公的支出が少ないのは、高等教育だけではない。同じくOECDが、「加盟各国国内総生産（GDP）に占める小学校から大学までに相当する教育機関への公的支出割合（二〇一四年調査）」（二〇一七年九月十二日公表）という調査を行っている。それによれば、日本の公的支出は比較可能な三十四ヶ国のなかで最下位となっている。

GDPに占める教育のための公的支出の割合はOECD平均で四・四％なのだが、日本は三・二％でしかないのだ。実は、前回の二〇一二年調査でも日本は最下位だった。

学力の国際比較で順位を下げると大騒ぎして、子どもたちや学校に学力向上の努力を押しつけるが、予算については「最下位であっても問題ない」と、文科省をはじめとする政府や教育委員会は考えているらしい。

公的支出が少なければ、当然ながら、保護者による私的負担は大きくなる。高等教育だけでなく、小学校から大学までの教育費全般について、日本の場合は私的負担が大きくなっている。「教育が最大のテーマ」といい続けている政府も、この構造には知らぬ振りを決め込んでいるようだ。

負担が大きくても、それが無理のない程度なら問題はないのかもしれないが、もちろん、そんなわけはない。

二〇一八年二月に日本政策金融公庫が、高校生以上の子どもをもつ保護者を対象とした「教育費負担の実態調査（二〇一七年度）」を公表している。それによると、教育費の捻出方法として三〇・四％が、「教育費以外の支出を削っている（節約）」としている。これは、前年にくらべて二・二ポイントも増えている。節約しなければ、我が子に思うような教育を受けさせられない、という現状なのだ。生活を切り詰めながら、保護者は我が子に教育を受けさせている。

同調査には、「子どもの在学先別にみた世帯年収状況」の項目もある。それによると、国公立大学に在籍する子どもの保護者の年収は、八〇〇万円以上が五〇・一％を占めている。私立大学になると、五四・四％が八〇〇万円以上だ。私立高校でも、年収八〇〇万円以上の保護者が占めている割合は四九・〇％となっている。「カネがなければ教育を受けさせられない」という日本の現実の一端が、ここから垣間見える。

しかも日本において年収八〇〇万円以上というのは、所得の多い部類にはいる。国税庁の「民間給与実態統計調査結果」によると、二〇一六年における「給与所得者の年間の平均給与」、つまり年収の平均は四二二万円である。正規雇用だけに限ってみても、四八七万円でしかなく、八〇〇万円には遠くおよばない。平均年収の家庭が年収八〇〇万円以上の家庭とおなじくらいの教育費を支出しなければならないとなると、かなりの節約を強いられることになる。

金銭的苦労をしながら、保護者は子どもに教育を受けさせている。それだけの投資をしているのだから、それに見合った「見返り」を期待するのも人情かもしれない。

ただ、高い教育費を負担しているからこそ、単純にテストの点数や受験だけに関心をもつのではなく、子どもの「やりたいこと」や、ほんとうの幸せにつながる教育を、真剣に考えていかなければならないのではないだろうか。

政治利用される「教育無償化」という目標

「教育は大事だ、学校は大事だ」と誰もが口にする。

NHK放送文化研究所が、二〇一七年五月に公表した調査結果がある。二〇一六年十月末から十一月初めにかけて実施された調査で、政府がすべきことや政府の望ましいあり方について、全国の十六歳以上の男女二四〇〇人に訊いている。

そこに、「政府の支出を増やすべきか」を分野ごとに訊ねている項目がある。教育も、そのひとつにふくまれているのだが、この質問に「増やすべき」と答えた人の割合は、五二％となっている。前回調査の二〇〇六年には四八％だったので、四ポイント増えたかたちになる。

これは、特に十六〜二十九歳の層が四三％から五八％と、増えていることの影響が大きい。この層には高校生、大学生もふくまれており、その意味では教育を自分自身の問題として捉えている人たちが、当事者意識でもって「政府は前向きに対応しろ」といっているようだ。

ただし、こうした声があるにもかかわらず、政府は教育予算を増やそうとしていないのが現実である。教員が足りないといいながら、給与を低く抑えられる非正規の教員や定年退職者の再雇用で間に合わそうとする消極的な対応しかしていない。それさえ、十分な予算をかけているわけではないので、教員不足は常態化してしまっている。教育に政府の支出を増やすべきとの声があることを無視しているのだ。

政府は「教育は大事ではない」と位置づけているのだろうか。それにしては、「教育は最大の課題」と大声で発言する首相がいたり、選挙ともなれば、政治家の公約やポスターには「教育」の文字が飛び交っている。

政治家も、「教育は大事」と考えているのだ。ただし、その「大事」の意味が少しばかりちがっているのかもしれない。

自民党憲法改正推進本部は二〇一八年二月二十日の役員会で、教育を受ける権利などを定めた憲法二十六条に、「教育環境の整備」の努力義務を国に課す規定を加えることで一致した。簡単にいえば、「教育の無償化を努力義務とする」ということだ。

これに対して、自民党の国会運営において欠かすことのできない存在である日本維新の会は、教育無償化を憲法改正の大きな柱に位置づけているため、教育無償化を明記するよう自民党に申し入れた。

こんな「騒動」を耳にすれば、「教育の無償化は憲法を改正しなければできないのか」と錯覚しかねない。しかし冷静に考えてみれば、憲法を改正しなくても、教育の無償化は可能なのだ。現に、高校の無償化は憲法の改正なしに二〇一〇年からスタートしている。憲法改正と教育の無償化は、不可分な関係ではないのだ。

にもかかわらず、なぜ憲法改正と教育無償化が一緒くたに議論されるのか。理由は簡単である。

それは、国民の誰もが「教育は大事だ」と考えているからだ。教育は大事だから、無償化に反対する人は、いたとしても少数派でしかないはずである。大多数が賛成派だ。

つまり、教育の無償化と憲法改正を一緒にしてしまえば反対派を抑えられる、という考え方をしているようにしかおもえない。

それを自民党が「努力義務」としたのは、予算を考えてのこととしかおもえない。なにしろ、教育の無償化にはいわずもがな大きな予算が必要となる。文科省の試算によれば、大学の無償化だけでも実現には三兆円以上の追加財源が必要だという。それだけの財源を確保することは、政府にとって並大抵のことではない。腰が引けたかたちになるのも当然だろう。

もっとも、ほんとうに「教育は大事だ」と考えているならば、財源確保に前向きに取り組んでいるはずである。それくらいの覚悟もなく、努力義務にして、「努力したけど実現できなかった」とあとで言い訳をすることを前提にしているあたりが、自民党の教育についての姿勢を表しているといってもいい。

「教育は大事だ」という声を、自らに都合のいい政策とセットにすることで利用する、それが政府のスタンスなのだ。そこを冷静にみる目をもたないと、前向きに取り組む姿勢をみせられれば国民として反対できない教育というテーマを前面に押し出され、賛成してみれば、真の狙いはほかにあった、ということになりかねない。そして、大事なはずの教育はおざなりのまま、となる。

それが、すでに現実になりかけていることに注意を払うべきではないだろうか。教育を口にさえしていれば実行は必要ない、と考えているとしかおもえない政治姿勢の甘さが、日本の教育において、ほんとうの意味での改善が進まない大きな原因である。

経済格差が生む子どもの学力格差

「貧富による学力差は小四から拡大傾向」というショッキングな報告がある。

大阪府箕面《みのお》市が二〇一四〜一六年度にかけて小中学生らを対象に実施した学力や生活状況の調査データをもとに、日本財団が分析した結果報告であり、二〇一七年十一月に公表されたものだ。

分析によると、国語の成績で顕著な差があらわれている。生活保護世帯の小学二年生の平均偏差値は四九・六で、それ以外の子どもは五〇・一と、その差は〇・五ポイントとなっている。小三でも、差は一・九ポイントである。

ところが小四になると、いきなり五・五ポイントに差が拡大しているのだ。中二では、五・八ポイントの差になってあらわれている。

算数・数学でも、これと同じ傾向を示しているという。

その理由に日本財団はふれていないようだが、簡単に予想できるのは「学習塾」の存在である。

文科省の「子供の学習費調査（二〇一六年度）」によれば、学習塾費の支出平均が公立に通う子どもの場合は小三で三万二六二六円だが、小四になると六万二四五三円と倍にまで跳ね上がる。この負担に耐えるには、相応の親の収入が必要だ。生活保護世帯はもちろん、収入が少なければ、子どもを学習塾に通わせるのは難しくなる。

学習塾に通わなくても好成績の子どもはいる。ただし一般的にいえば、学習塾で勉強しているぶんだけ、学校でも良い成績をとれるようになる。その学習塾に多くの子どもが通いはじめるのが小四といわれており、「小四から学力格差が拡大する」こともうなづける。

経済格差と学力の関係は、進学にも影を落としている。東京・目黒区の公立小学校に子どもを通わせている父親は、次のように語った。

「五年生の息子のクラスでも、八割くらいが中学受験を目指しているようです。中学受験しない子には、やはり経済的な問題があるようです。学習塾に通うにも経済的負担は大きいし、私立中学にいくとなると、それ以上にカネがかかりますからね。もちろん、サッカーとか特別な才能が期待されていて、受験のために割く時間がなかなかないという子もいるようですけどね」

保護者の収入が学力格差につながり、受験にも影響してくる。こうした不平等も、日本の教育が抱える大きすぎる問題である。

問題4

いじめ

いじめは、学校において大きな問題である。しかも、子ども同士だけでなく、教員による「いじめまがい」の行為も珍しくなくなってきている。いじめ問題の改善には、子どもたちと教員の信頼関係を強めることが重要になってくる。にもかかわらず、それとは逆行する傾向が強まっている。

絶好のターゲットとなった原発避難者の子どもたち

子どもたちは、いじめる対象を探している。

二〇一一年三月十一日に起きた東京電力福島第一原子力発電所事故によって、福島県内の子どもたちが他県への避難を余儀なくされた。その避難先の学校で少なくない子どもたちが、いじめを経験することになる。

神奈川県内に避難してきた少なくとも八世帯、九人の子どもがいじめをうけ、うち二人が不登校になっていたことを、避難者を支援する弁護団が明らかにしたのは、二〇一六年十二月十九日のことだった。

不登校になっていた一人は、当時、川崎市の中学校に在籍していた男子生徒で、同級生に

「福島県民はバカだ」とか「近づくな」などと言われ、叩かれたり蹴られたりもしていたという。別の一人は横浜市の小学校に通っていた男子児童で、名前に「菌」をつけて呼ばれるなどのいじめをうけ、さらには「賠償金をもらっているだろう」といわれて、十人前後に計約一五〇万円を支払わされてもいた。

こうした動きをうけて、川崎市教育委員会は二〇一七年三月九日、いじめの事実があったことを認める調査結果を公表している。そして、「加害生徒が事実関係をほぼ認め、被害生徒に謝罪していた」(『毎日新聞』二〇一七年三月十日付)という。

横浜市の小学生にかかわる問題については、一問着あった。

同市の岡田優子教育長が二〇一七年一月の市議会で、いじめがあったことは認めながらも、一五〇万円の金銭のやりとりについては、「金銭要求をいじめと認定するのは困難」との答弁を行ったのだ。「おごってもらった」という加害者の子どもたちの説明を信用したかたちでの答弁だが、一五〇万円もの金額を小学生が「おごる」ことに疑問をもたないのは、なんとも不思議だ。いじめに金銭のやりとりまでからんでくれば、問題が大きくなるのは明白だ。それを避けたい教育長の姿勢が垣間見える。

この答弁に、批判が殺到することになる。そして二月十三日に記者会見した岡田教育長は、金銭のやりとりを「いじめの一部として認識」するとの考えを示した。

三月になると、当時の校長や担任教諭が、生徒や保護者と面会して謝罪したことが報じられる。さらに横浜市教育委員会は四月になって、いじめが行われていたとされる時期の教育事務所長に戒告の懲戒処分、当時の小学校長に戒告相当などの処分を発表した。批判を浴びる答弁をした岡田教育長には、林文子市長が文書による厳重注意を与えている。

そして五月には、林市長自らが生徒や保護者と面会している。その内容について市長は、「長い時間、つらい思いをさせてしまったことを心からおわびした。二度とこのようなことがないようにすることを誓った」と記者会見の席で説明している。横浜市としては、一刻も早く事態を収拾させたかったようだ。

表向きの謝罪はあったものの、原発事故で避難してきた子どもたちへのいじめがほんとうに完全になくなったかどうかは疑問である。校長など関係者を処分したからといって、それで問題が解決したとはおもえない。

なぜなら、子どもたちは常にいじめる対象を探しているからだ。福島県から避難してきた子どもたちは、格好の対象だったにすぎない。

問題が表面化して、大人の目が光るようになれば、その対象へのいじめは表面的には収まるかもしれない。しかし、代わりの対象がみつかれば、いじめそのものはなくならずに残るのではないか。

二〇一七年十月二十六日に、横浜市教委事務局の人権教育・児童生徒課が公表した資料によると、二〇一六年度のいじめ件数は小学校で前年度比一二二・三％増、中学校では五五・四％増となっている。この年が特別なのではなく、この数字はずっと増加傾向にあるのだ。増加の理由を、「福島県からの避難生徒が増えたから」と説明することが現実的でないことは、いうまでもない。

横浜市の学校におけるいじめは、福島県からの避難者がたとえいなかったとしても、増えていることはまちがいない。それは、子どもたちがいじめの対象を探しつづけている結果でしかない。

しかも、小学生が一五〇万円にもおよぶ金銭の支払いを強要されるような事態になっていても、教員も教委も事態を把握することすらできていない。これでは、いじめを防止するなど絶対に無理だ。

福島県から避難してきた生徒に対するいじめが表面化したことで、市長や校長が謝罪を行ったが、まるで「後の祭り」ではないか。横浜市では、いじめ防止のキャンペーン月間をもうけるなどの「対策」を行ったりもしているが、とても効果があるとはおもえない。「いじめはダメ」という標語をいくら押しつけたところで、いじめが止まるわけがない。

教員が子どもたちを厳しく監督し、上から目線で指導してみても、子どもたちを止めることはできない。子ども一人ひとりと向きあわないかぎり、いじめを発見することすらできないのかもしれない。

ちなみに、原発避難者の子どもたちに対するいじめは、神奈川県だけの問題ではない。二〇一七年四月十一日に文科省は、原発事故で福島県内外に避難した子どもたちに対するいじめについて、初めての調査結果を公表している。そこでは、一九九件ものいじめがあったとの結果が報告されている。さらに、川崎市や横浜市のように表面化されてこなかった例もあると考えれば、この件数は増えるだろう。神奈川県以外でも、避難した子どもたちは、絶好のターゲットにされているのだ。

このような調査結果をみれば、避難者の子どもたちは原発事故のせいでいじめられているようにおもわれるかもしれないが、わたしはそうは考えない。ただ、いじめの対象を探している子どもたちが、「原発事故」を、いじめるための丁度いいきっかけと捉えただけのことではないか。きっとどんなことでも、彼らにしてみればきっかけになるのだ。

そういう土壌が学校につくられつつある事実を、いまいちど真剣にみつめ直す必要がある。

いじめ問題解消のために文科省は何をやってきたのか？

学校におけるいじめ問題を解消する目的で、二〇一三年に「いじめ防止対策推進法」が公布されている。当然だが、法律はつくっただけでは意味をなさない。それによる効果がともなわなければならない。

二〇一七年十月二十六日、文科省は「児童生徒の問題行動・不登校等生徒指導上の諸課題に関する調査」（二〇一六年度、速報値）を公表している。それによって、学校でのいじめが三年連続で増加し、小学校と中学校の合計で初めて三十万件を超えたことが明らかになっている。

いじめの件数は、小学校では前年度比で五六・八％増にもなる二十三万七九二一件、中学校では同一九・八％増となる七万一三〇九件にものぼったという。この状況について文科省は、「これまで対象から外していたけんかやふざけ合いのうち、心身の苦痛を感じるような一方的な暴力行為を伴うものを今回からいじめに含めたことが大幅増の要因」（『毎日新聞』電子版十月二十六日付）と説明しているようだ。

増加の原因を、従来はいじめの範疇にはいっていなかったものまでふくめたからにすぎない、と説明しているのだ。いじめそのものの絶対数は増えていない、といいたいようにも聞こえる。はたして、そうだろうか。

「いじめ防止対策推進法」に定めている「重大事態」だけでも、二〇一六年度は前年度比で八十六件も増えて四百件に達しているのだ。範疇を広げたからではなく、明らかに数が増えている。

「いじめ防止対策推進法」をつくったにもかかわらず、いじめが減るどころか増えている。法律をつくった意味がない、ともいえる状況である。

ではいったい、いじめ問題解消のために、文科省は何をやってきたのだろうか。

二〇〇六年十月には、「いじめ問題への取組の徹底について」という通知を出している。そこには、「学校教育に携わるすべての関係者一人ひとりが、改めてこの問題の重大性を認識し、いじめの兆候をいち早く把握して、迅速に対応する必要があります」とある。

決して間違ったことをいっているわけではない。問題は、文科省自体が「やるべきこと」が書かれていないことだ。学校や教員が対処すべきだと念押ししているにすぎない。つまり、「丸投げ」の状態といえよう。

さらに、文科省が各教育委員会に再三にわたって要求しているのが、アンケート調査の徹底である。いじめの兆候はないか、いじめが行われていないか、それを各学校に報告させせようというのだ。アンケートに答えるために教員は、子どもたちを細かく観察するようになるはずだ、との狙いもあるのかもしれない。

しかし実際は、そうしたアンケートに回答する業務が増えることで、教員が子どもたちと接するための時間を余計に削ってしまうことにはならないだろうか。いま、教員の多忙が問題になっているが、本書の「問題2」でも述べたとおり、多忙の大きな要因として提出する書類の多さを指摘する教員は多い。いじめについてのアンケート調査の書類提出は、教員の多忙に拍車をかける可能性が高い。

多忙であれば、当然ながら生徒と接する時間は減ってくる。そのために生徒の状況を十分に把握できず、いじめの前兆があったとしても対処が遅れることにもなりかねない。そのような状況下で行われるアンケートの結果を信用していいのか、それさえも心配になる。

また、学校におけるいじめは、子どもに対し子どもが行うものだけではないという問題もある。二〇一七年十月二十七日に大阪地裁で第一回口頭弁論が行われた、髪を黒く染めることを強要されて不登校になってしまった、高校三年女子生徒に関する裁判がある。

髪の毛が茶色なのは生まれつきだと、入学時に母親が学校に説明しているにもかかわらず、教員が指導の名の下に女子生徒に髪染めを強要した、という事件である。教員の指導を女子生徒が無視したわけではなく、彼女は教員の求めに応じて何度も髪を染めている。しかし髪質の問題からか、教員の求めるような黒には染まらなかったのだ。それでも教員は何度も髪染めを強要し、それが原因で女子生徒は不登校になってしまった。

教員が自らの価値観と基準を押しつけ、子どものいい分に聞く耳をもたない。そして登校拒否になるほどの精神的負担を子どもが感じているにもかかわらず、そのことに心をくばろうともしない。もはや、「いじめ」でしかない。こうした例は、大なり小なり現在の学校や教員にみられる傾向のようだ。

価値観の「押しつけ」でしか子どもたちに接することのできない学校や教員には、「いじめの兆候をいち早く把握して、迅速に対応する必要がある」といってみても難しいかもしれない。そしてそうした類のいじめは、アンケート調査でも明らかになっていないという点も、問題視すべきだろう。

いじめ問題は、学校や教員に丸投げしてみても絶対に解消しない。丸投げして解消すると思い込もうとしている文科省の下では、なおさら解消するはずもない。

いじめがあっても教員を頼れない生徒たち

文科省や教育委員会は、いじめが起きないように細心の注意を払うように教員を指導している。とはいえ、数人の子どもならまだしも、一クラス何十人もの子どもたちがいる状況では、難しいものがある。忙しい教員が、子どもたちの行動を四六時中監視するなど、はっきりいって不可能だ。

そうした状況で教員がいじめを察知するには、「子どもたちからの通報」が大きな役割をはたす。いじめを受けている本人が相談にくる、またはいじめを受けている子がいることを誰かが知らせる。それがあってこそ、教員はいじめの存在に気づくことができる。こうした「通報」がされやすくなるには、教員と子どもたちの信頼関係が不可欠となる。

教員と子どもたちは、どれくらい信頼関係を築けているのだろうか。それを知るための、興味深い調査結果がある。

国立青少年教育振興機構が二〇一八年三月三十日に公表した、「高校生の心と体の健康に関する意識調査」である。日本、米国、中国、韓国の四ヶ国の高校生にアンケートを行った結果を基に比較したものだ。

それによれば、「学校には私を理解し、認めてくれる先生がいる」と答えたのは韓国が七五・六％、米国が七三・五％、中国が六六・六％となっている。これに対して日本は、四ヶ国のなかで最低となる六〇・一％でしかなかった。

さらに「学校には何でも相談できる先生がいる」と答えたのは、韓国で六六・六%、米国で六二・二%、中国では四七・二%となっている。そして日本は、これまた最低の三六・二%にすぎない。他の三ヶ国にくらべると、極端に低い数字が目をひく。

このアンケート結果からいえるのは、他国にくらべ日本の教員と高校生は「冷めた関係」であり、子どもたちにとって教員は「頼りになる存在ではない」ということである。信頼関係が結べていないに等しい。

この調査は高校生を対象にしたものだが、高校でだけ、教員と子どもたちの信頼関係が薄いとは考えられない。信頼関係を築きにくい理由が、教員の多忙にあるからだ。中学校の教員の一人が、次のように話した。

「子どもたちと直接話す機会は少ないんじゃないでしょうか。忙しすぎますからね。一人ひとりと向きあって話せる時間は大事だとはおもいますし、なんとか工面したいのですが、現状では難しいです」

この教員だけでなく、同じことを小学校や中学校の何人もの教員から聞いた。直接話す機会が少ないなかでは、子どもとの信頼関係は生まれづらい。信頼関係がなければ、いじめについて相談もしにくい。

いじめの相談をしたとしても、多忙のために教員の対応が不十分であれば、やはり問題は解決しない。そして、信頼関係も悪化する。

忙しすぎるために、教員が子どもたちからいじめの情報を受け取ることが難しくなっている。必然的に、対応は後手後手になるしかない。それでいて対応に時間がかけられないのでは、問題は解決するはずがない。

教員の多忙が続くかぎり、学校からいじめもなくならない、といえるのではないか。いじめを減らすには、教員が子どもたちと接する機会を増やし、強い信頼関係を築くことも必要なようだ。

不登校の生徒は減少している、しかし問題は何も解決していない

学校における大きな問題のひとつに、「不登校」がある。文科省や学校にしてみれば早々に解決してしまいたい問題なのだろうが、なかなか解決しない。

不登校の原因は単純ではないし、それを解決しようとすれば時間も労力もかかる。ただでさえ過重労働が問題となっている教員にとっては、関わりあいたくない案件でもある。

その不登校が、高校では急速に減少しつつあるという。二〇一八年二月に文科省が発表し

た「児童生徒の問題行動・不登校等生徒指導上の諸問題に関する調査」（二〇一六年度　確定値）によれば、二〇一六年度の不登校の高校生の数は四万八五六五人である。これは前年度より二％も数字が減っていることになる。

この年が特別なのではなく、実は高校における不登校の人数は減少傾向にあるのだ。二〇〇四年度が六万七五〇〇人だったので、そこから十二年間で一万八九三五人も減少したことになる。

この数字だけをみるなら、「不登校問題は解決されつつある」といえる。文科省や学校の努力で、不登校の生徒が減っていると評価していいのかもしれない。

しかし、結論を急ぐ前に、もうひとつの資料に注目する必要がある。二〇一七年十二月に文科省が発表している「学校基本調査」（概要）だ。

そこで注目したいのは、通信制課程高校の学校数である。次のように記されている。

「学校数は二五〇校（独立校一〇七校、併置校一四三校）で、前年度より独立校は三校増加し、併置校は三校増加している」

独立校とは通信制だけの高校で、併置校は通信制を併設している全日制などの学校のことだ。いずれにしても、わずかだが数が増えている。少子化で学校の統廃合も進むなかで、通信制の高校は数を増やしているのだ。前年度も前々年度にくらべて七校増えていた。

さらに生徒数をみると、十八万二五一五人であり、これも前年度より一四八四人の増加となっている。その前年度も、前々年度から六三八人も増えていた。

これを全日制課程でみてみると、学校数は四九〇七校で、前年度より十八校減っている。生徒数となると、在籍者が三二八万二四七人で、前年度より二万九〇九五人も減少しているのだ。少子化を反映しているといえよう。

ところが先述したように、通信制は学校数、生徒数ともに増えている。少子化と逆行する実情となっているのだ。

その理由を、ある通信制高校の教頭に訊ねた。彼は、次のように説明してくれた。

「通信制高校に通っている生徒の多くは、不登校だった子なんです」

不登校の生徒が、全日制から通信制に転校しているというのだ。通信制であっても授業を受けていれば、「不登校」にはふくまれなくなる。そのため、高校全体では不登校の数が減っているのだ。

不登校そのものが減っているのではなく、不登校だった子どもたちが通信制に籍を移しているにすぎない。その数が増えているため、学校数が増えることになったのだ。

「不登校の子たちも、やはり高卒の学歴は必要だと考えているようです。実際、うちの学校の卒業生の場合、五割が専門学校に、二割が大学に進学しています。就職は二割くらいです。

将来のためには高卒の資格が必要なわけです」

通信制の場合、全日制のように毎日学校に通う必要はない。年間に決められた日数だけ学校に足を運べば、それで卒業資格をとることができるのだ。普段の学習は、レポートを提出したりといった、文字どおり「通信」で行われる。

それは、ちょっとカタチを変えただけの不登校にほかならない。それでも、そうした学習法が本人が成長するためになっていて、さらに教育の目的を達成できるものであれば、問題にする必要はない。先の教頭が続けた。

「毎日、通学する必要はないし、教室に来る時間も個人の意思に任されています。同じメンバーが顔をあわせる機会も少ないし、団体で行動する機会も極端に少ないのが実態です。それだけに、やはりコミュニケーションは苦手なままの子が多いようです。当校では、いろいろな行事を企画してコミュニケーション能力をつけられるように工夫はしているのですが、なかなか、うまくいきません。

そのためか、卒業後進学や就職をしても、途中で辞めてしまう子が多いのも事実です。通信制の、いちばんの課題かもしれません」

高校卒業の資格は取得できても、不登校にいたった子どもの根本的な問題は解決していない。全日制から通信制に不登校の子たちを追いやっただけにしかなっていない。

その通信制においても、子どもたち個人の抱える課題は解決できないでいる。さらに教頭は続ける。

「不登校になる原因の大半は、いじめです。いじめにあって人間関係が嫌になったり、怖くなってしまい、学校に行けなくなるようです」

表面的に不登校の数は減っても、通信制の生徒が増えつづけているのは、いじめが学校からなくなっていない証拠でもあるのだ。いじめと不登校の問題は少しも解消されていない。

問題5

グローバル人材の育成

経済界の意向が教育に大きな影響を与えている。英語教育が熱を帯びてきつつあるが、それも経済界の要望によるところが大きい。経済界は何を求め、それに教育は、どうやって応えようとしているのかを、この章では明らかにしていく。

「グローバル人材育成」という教育目標の裏に経済界の声

経済界は教育に、うるさいくらいに口出ししてくる。そのくせ、教育のために自腹を切ってまで貢献しようとはしない。教育にはカネが必要なことは知っているのだろうが、「それは税金で用立てろ」との態度に終始しているのだ。

たとえば二〇一一年六月十四日に日本経済団体連合会（経団連）は、「グローバル人材の育成に向けた提言」（以下、提言）を発表している。その「はじめに」には、次のように述べられている。

「今後は、多様な文化、社会的背景を持つ人々と協力し、国際的なビジネスの現場で活躍できる『グローバル人材』を育成し、活用していくことが求められる」

このなかにある「グローバル人材」とはいったい何か。「提言」は注釈で、「日本企業の事業活動のグローバル化を担い、グローバル・ビジネスで活躍する（本社の）日本人及び外国人人材」と説明している。そういう人材の教育が必要だと「提言」には書かれているわけだが、企業自らがこれに取り組もうとしているのかといえば、そうではない。同じ「はじめに」は、次のように続けている。

「初等中等教育におけるゆとり教育、大学全入時代における大学生の質の低下、若者の間に広がる内向き志向などにより、現状では、産業界の求めるグローバル人材と、大学側が育成する人材との間に乖離が生じている」

企業が求めるグローバル人材を、小学校から大学をふくめた教育課程のなかで育成できていない、と苦言を呈しているのだ。それは、ゆとり教育や大学全入時代に原因がある、ともいう。そして、次のように続ける。

「そのような乖離を解消し、グローバル人材を育成・活用していくことは、社会全体の課題であり、企業、大学、政府がそれぞれの役割を果たすとともに、相互に連携して戦略的に取り組んでいくことが求められる」

社会全体の課題といいながら、「企業が必要としているグローバル人材を、小学校からの教育で育成しろ」といっているにほかならない。企業側の論理が強く押し出されているだけである。

この「提言」が発表された年の四月から、戦後七度目となる改訂を行った学習指導要領が小学校で完全実施され、翌年度からは中学校で全面実施されることになっていた。この改訂学習指導要領による教育は「脱ゆとり教育」と呼ばれ、前回の学習指導要領で導入された「ゆとり教育」を否定し、再び学力中心の教育へ揺りもどすものだった。

つまりこの「提言」は、ゆとり教育を改めて否定し、「グローバル人材」という明確な目標を学校教育に対して示していることになる。学習指導要領は十年ごとに改訂されるが、「提言」はその十年後、つまり二〇二〇年から小学校で、翌年から中学校で完全実施される新しい学習指導要領を睨んでいたともいえる。

その新学習指導要領が、二〇一七年三月に公示された。小学校の新学習指導要領解説総則編の「第1章　総説」には「改訂の経緯」として、次のように記されている。

「グローバル化の進展や絶え間ない技術革新等により、社会構造や雇用環境は大きく、また急速に変化しており、予測が困難な時代となっている」

グローバル化を大きな問題として打ち出している。そして「雇用環境は大きく、また急速に変化しており」という部分は、「グローバル化に対応しないと仕事に就けませんよ」といっているようにしか読めない表現となっている。経団連の「提言」のなかにある問題意識にならったかたちとなっており、教育界が、経済界の要望に応えようとしていることがみてとれる。

経団連の要望を実現している学習指導要領に、教育は経済界のためにあるのか、という疑問をもたざるをえない。

学習指導要領とグローバル人材の育成を結びつける経済界の口出しは、「提言」以後も続いている。

二〇一七年公示の学習指導要領の改定は、二〇一四年十一月に文部科学大臣による中教審への諮問から始まったことになっている。経済界は、その直前にも動いている。二〇一三年六月十三日に経団連が、「世界を舞台に活躍できる人づくりのために」という提言を行っているのだ。

その「はじめに」は、「国際ビジネスの現場で活躍できるグローバル人材の必要性が高ま」っているとし、「グローバル人材の育成は、大学教育のみで実現するものではなく、初等中等教育や、大学卒業後の企業における社内教育の果たす役割も大きい」と述べている。二〇一一年の「提言」で示したグローバル人材育成の念押しであり、それを初等中等教育、つまり小学校や中学校でも実行するように求めているわけだ。それが新学習指導要領に反映されていく。

その象徴的な例が、小学校において英語が正式教科化されるのをはじめとする英語教育の強化である。つまり、経済界からの要請に応えて、小学校からのグローバル人材育成が強化されたことになる。

英語教育の前倒しは本当に意味があるのか?

二〇一八年二月八日付の『西日本新聞』は、「二〇二〇年度に全国の小学三～六年で本格導入される英語授業を、北九州市教育委員会が一八年度から実施することが分かった」と報じている。英語授業の前倒しである。他地域より良い成績をとるには、早く始めて体制を整えたほうがいい、という判断なのだろう。

前倒しのために北九州市教委は、英語の授業について「二〇年度と同じ時間数を確保する」という。この時間を確保するために、「五時限目までの曜日に六時限目を入れたり、昼休み後に一五分の短時間学習を設けたり」(西日本新聞)するそうだ。

授業時間を増やすだけでなく、休み時間を削ってまで、子どもたちに英語を学ばせようとしている。北九州市が特別なのではなく、二〇二〇年度からは全国の小学校が同じような状態となる。それほど子どもたちは、英語を必要としているのだろうか。

「グローバル化ですから、子どもたちが将来、海外で仕事をする機会も増えるとおもいます。しかし、全員が海外で仕事をするわけではありません。来日する外国人も増えているとはいえ、そうそう英語を使う機会はありませんよね。

来日する外国人は圧倒的に中国人が多いし、子どもたちの周りにも中国から来日して住んでいる人が増えています。生活のなかで役立てるというのなら、英語より、必要になっているのは中国語かもしれませんよ。

早くから英語をやることが無意味とはおもいませんが、ここまで急いでやる必要があるのかどうか疑問です」

ある小学校の教員はこのように語った。ほかの教員に訊いても、小学校に英語を正式教科として導入することに賛成する意見は、ほとんど聞かれない。学年主任をやっているという小学校教員は、怒りさえあらわして語った。

「とんでもないですよ。英語の授業を導入するからといって、ほかの科目の授業時間が減るわけではありません。いまでさえ授業時間が足りずに苦労しているのに、さらに苦労しなければいけない。教員だって、急に『やれ』っていわれてもできるはずがない。英語が得意でない教員はパニックですよ。そこまでして急に英語教育に力をいれる意味が、まったくわかりません」

二〇一六年九月十七日付の『毎日新聞』は、次期学習指導要領の改訂にともなって二〇二〇年度に英語が小学校高学年で正式教科になることについて、高学年を担当する小学校教員百人を対象に行った独自アンケートの結果を載せている。それによると、正式教科にすることに四十五人が反対し、「どちらでもない」との回答が二十六人、「賛成」と答えた教員は二十九人に過ぎなかった。七割の教員が小学校で英語を正式教科とすることに賛成していない、という結果だ。

ただし、正式教科化はすでに決まっている。そのことで現職の教員が混乱しているのはもちろんのこと、小学校での英語教育強化は、教員志望者にも大きな負担をもたらしている。

文科省は、大学における小学校の教職課程において、卒業までに「英検二級程度」の英語力を身につける目標を設定した。そのための学習内容である「コア（基本）カリキュラム」を、二〇一七年度から順次導入するよう各大学に求めている。これから小学校の教員になるためには、「高い英語力が必要」というわけだ。

英検二級は、英検を実施している「公益財団法人　日本英語検定協会」のホームページによれば、「高校卒業程度」のレベルとなっている。教員志望の学生ならば、厳しい入学試験をパスして大学に進学してきているわけだから、「難なく取得できる資格」と受け取られるかもしれない。

しかし、現実はちがっている。英検を実施している日本英語検定協会は二〇一四年から詳しいデータを公表していないが、それ以前のデータによると、英検二級の合格率は二五～三〇%くらいでしかない。日本英語検定協会のホームページに示されている「出題目安」には、「ビジネスシーンでも採用試験の履歴書などで英語力をアピールできます」とある。堂々と「英語ができます」といえるくらいの力が求められているわけだ。

だからこそ文科省も、大学に英語力強化の新たなカリキュラムの導入を促しているのだ。特別なカリキュラムで対策をしなければ突破できない難関だともいえる。英検二級「程度」と必ずしも英検資格を要求しているわけではないが、実際には資格取得が前提とされることは目にみえている。教員志望の学生にしてみれば、課題が増えたことになる。

ちなみに、公立学校教員採用試験の受験者数は、文科省によれば二〇一七年度で十六万六〇六八人で、前年度より四三八七人（二・六%）の減少となっており、ここ数年は減少傾向が続いているという。

さらに、『毎日新聞』（二〇一八年二月二十五日付）は、国公立大学の入試で「教員養成系学部の志願倍率は下がっている」と伝えている。私立大においても同じで、同記事は「駿台教育研究所の志望動向調査によると」として、「私立大でも教員養成系学部の倍率は低下傾向にあり、一三年度の一四・九七倍から一七年度には一一・四七倍に下がった」と伝えている。

教員の多忙化が話題になっていることが背景にありそうだが、そこに「英検二級」の条件まで加われば、なおさら教員という仕事は敬遠されてしまいかねない。

「英語は必要ない」などというつもりはない。ただ、無理をして小学校の授業時間に英語を押し込んだり、教員志望者にいきなり資格を求めるような、性急なやり方には問題がある。

加速する英語教育強化と生徒の「英語嫌い」

経済界の意向を受けいれて、文科省は学校で英語力を強化していく方針を決めた。それは教員の負担を増やすが、子どもたちにとっても重荷になる可能性が高い。

二〇一七年三月に文科省は、中学三年生の英語に関する「平成二八年度　英語教育改善のための英語力調査」の速報値を発表している。ここで、ある問題が明らかになっている。

調査では、「英語の学習が好きではない」という生徒が前年度より増えている、という結果がでたのだ。二〇一六年度において「好きではない」と回答した生徒は四五・四%で、一五年度より二・二ポイント増えている。半数近くもの中学三年生が英語学習を「好きではない」と答えていることになる。

新学習指導要領での英語について文科省は、「グローバル化に対応した英語教育改革実施計画」において、「短い新聞記事を読んだり、テレビのニュースを見たりして、その概要を伝えることができるようにする」などと、中学校での達成目標を示している。かなりレベルの高い英語力を求めているわけだ。

ただ授業時間数を増やせば達成できるというものではない。当然ながら、授業の内容自体も高度にせざるをえない。

子どもたちにとっては、「難しい授業」となるだろう。一気に難しくなった内容に取り組まされるとなると、それを「好き」と答える子どもの数はより減るにちがいない。

二〇二一年の新学習指導要領の完全実施に向けて、文科省の求めに応じて英語の授業は難しさを増していくはずである。難しくなっていけば、一七年度でさえ半数近い中学三年生が「好きではない」と答えているのだから、その割合はさらに高まる可能性が高い。

「言い古された諺《ことわざ》ですけど、『馬を水辺に連れて行くことはできても、水を飲ませることはできない』ですよ。まさに、この状態です。授業時間を増やしたり、やるべきことを増やしてみても、肝心の子どもたちにやる気がないのでは、文科省が要求する高い英語力なんて身につかない。それをどうするか、またまた現場の教員は頭を痛めるわけです」

中学校で教えるベテラン教員の一人がいった。「これだけの英語力をつけてほしい」という要求はしていても、子どもたちが積極的に英語を学ぼうとするようになる具体的な施策を、文科省はほとんどとっていない。文科省の求める英語力を実現する術は、学校現場に任せきりといっていい状態である。

現場にも、その知恵はない。それがあれば、中学三年生の約半数が英語学習を「好きではない」と答えるような状況にはならないだろう。

小学校での正式教科化にしてみても、中途半端な指導法しかなければ、子どもたちが英語を積極的に学び、身につけようとするはずがない。それどころか、高度な学習内容に精神的に大きなプレッシャーを感じてしまうことになりかねない。

「このレベルの英語力を実現しろ」という前に、子どもたちを英語好きにさせるような教授方法を模索し、確立するのが文科省の役割ではないだろうか。肝心なところが抜けたままで、学校での英語授業強化ははじまっていくようである。

リーダーになる人材は「三割」でいい？　七割の非正規を生む教育

経済界は、小学生から高いレベルの英語力を身につけることを要求している。それは経済界が、「グローバル化を担い、グローバル・ビジネスで活躍する人材」を求めているからにほかならない。それなら、そういう人材を育てれば、その全員を経済界は雇用し重用するのだろうか。問題は、そうではなさそうだ、ということだ。

日本経営者団体連盟（日経連、現在は経済団体連合会と統一して日本経済団体連合会）が、一九九五年に発表した「新時代の『日本的経営』」という報告書がある。日本の労働環境を一変させた、といわれている文書である。

報告書は、労働者を「①長期蓄積能力活用型」「②高度専門能力活用型」「③雇用柔軟型」の三つに分類している。簡単にいえば、①は幹部を約束された管理職、②は高度な技能者、③は単純労働者である。

問題は、①の長期蓄積能力活用型労働者だけを正規雇用とし、②の高度専門能力活用型労働者と③の雇用柔軟型労働者は非正規雇用でいい、と定義づけていることである。

また、①のグループは労働者全体の三割でいいとしている。つまり「労働者の七割は非正規でいい」としているのだ。これは「非正規を増やせ」といっているに等しい。

この報告書とタイミングをあわせるように一九九六年十二月には、労働者派遣法（正式名称「労働者派遣事業の適正な運営の確保及び派遣労働者の保護等に関する法律」）の改正が行われ、派遣を許される対象業務が十六から二十六に大幅に拡大された。派遣社員、つまり非正規雇用を増やすことを、法律的に後押ししているのにほかならない。

日経連の報告書と労働者派遣法の改正で派遣対象業務が大幅に拡大されたことをきっかけに、非正規の社員は急激に増えていく。厚生労働省が作成した資料によれば、全労働者に占める非正規の割合は一九九四年には二〇・三％だったが、二〇一七年には三七・三％と倍近くにまで増えている。

非正規であっても、正規と同等の収入や待遇が保障されているのなら問題はないのだが、いうまでもなく、非正規と低所得はイコールになっている。そのためか最近では、「有名企業でなくてもいいから、せめて正社員になれ」と我が子に指示する保護者も、少なくないという。

なぜ非正規を増やすことが求められたのか。報告書の作成で中心的な役割を果たした日経連の成瀬健生常務理事（当時）は後に、『『新時代の「日本的経営」』オーラルヒストリー』（慶應義塾大学出版会、二〇一五年）のなかで次のように語っている。

「（円高不況と呼ばれる状況のなかで）コストを下げるためには人件費を下げないといけない。（中略）やっぱり職掌を分けて、単純業務をする人の賃金が定年まで毎年上がっていくようでは、とても駄目だと。そういう定型業務の人の賃金は、ある程度いったら上がらないというのも、しようがないいんじゃないか」

コスト削減のためには賃金の上がらない労働者を増やさなければならない、との結論にたどりついたのだ。そして、正規を三割に抑え、低賃金で雇用できる非正規を大部分とする「雇用ポートフォリオ」が示されたのである。

ただし当時の日経連は、「雇用ポートフォリオ」を示したところで、その方向に社会が急激に動いていくとは想像していなかったようだ。同じ本のなかで成瀬は、次のようにも語っている。

「これは、書籍じゃなくて報告書なんです。弘報部から本にして出そうという話はあったんですが、弘報部が『そんな本、売れない』と言って。それで私も、弘報部が出してくれないのではしようがない、だけど印刷だけして実費で頒布すれば会員も喜ぶかもしれないから、本でなく報告書でやろうと。二万部ぐらい出たんじゃないかな」

ところが、この報告書は予期せず大きな話題となっていった。もし書籍化していたら、かなり売れていただろう。

なぜ話題になったかといえば、「雇用ポートフォリオ」を日経連が示したことで、企業にしてみればコストの低い非正規を増やすことに「お墨付き」をもらったことになったからであろう。

そのころ企業は、すでに、賃金の安い中国などへ生産拠点を移す等、人件費カットに力を入れていた。それでも十分ではなく、人件費という大きな負担に頭を抱えていたのだ。だから、企業にとって「正規三割」というのは、人件費削減を断行するには、ありがたい提言だった。「非正規七割」に向かって、堂々と取り組みをすすめられるようになったといえる。

経済界の大方針となった「正規三割」は、教育にも大きな影響をあたえることになる。「正規三割」にはいるためには、「競争」を勝ち抜かなくてはならない。負ければ非正規になるしかない、という心理が、そこには関係している。

競争を勝ち抜くには、どうすればいいのか。はっきりとした答が示されているわけではないが、収入が少なくては結婚も難しくなるといった、非正規のネガティブな話題がマスコミなどでとりあげられていくにつれ、「正規三割」に残らなければならないという意識はかきたてられていったようだ。

そして、「いい成績をとって、いい学校に進む」という目標が、より明確なものとしてえ意識されるようにもなっていった。もちろん、「いい学校」に進んだからといって、正規になれる保証はないのだが。

この「正規三割」の考え方だが、先の日経連の報告書だけで示されたわけではない。小渕恵三政権のときにつくられた「教育改革国民会議」が、二〇〇〇年十二月に最終報告を発表している。そこには、「リーダー養成のため、大学・大学院の教育・研究機能を強化する」と謳われている。さらに第一次安倍晋三政権のときに発足した「教育再生会議」は二〇〇七年六月に第二次報告を発表し、そこで「国際社会で活躍できるリーダーを育成することにも力を注がなければならない」と述べている。

「リーダー」とは、つまりは「正規三割」のことを意味する。経済界の意向を重んじているのか、政権もリーダー育成を重視してきている。そのリーダーにふさわしいかどうかを見極めるひとつの指標が、企業のグローバル化を支えるための英語力なのだ。

子どもたち全員がリーダーになれるわけではなく、それは「三割」でいい。だから英語力も全体の三割が身につければいい、ということになる。逆にいえば、英語力を身につけられなければ「三割」に入れず、「七割」に分類される可能性が高くなる。経済界も政権も、それで良いと考えているようだし、むしろそれを望んでいるといっていいかもしれない。

小学生からの英語授業強化は、「三割」の人材をつくるための準備でしかない。いい方を変えれば、「三割」を選別するための手段でしかない。学校は、こうして選別の場にされようとしているのである。

法律違反になっても親に選ばれているインターナショナルスクール

英語力が、将来のエリートになるための条件であるかのような風潮が強まってきている。そうしたなかで、注目を集めている存在がある。インターナショナルスクールだ。

東京・練馬区光が丘と目黒区青葉台にキャンパスをもつアオバジャパン・インターナショナルスクール（以下、アオバ）も、そうしたなかのひとつである。幼稚園から小学校、中学校、高校までの一貫校である同校は、一九七六年に目黒区で設立され、二〇一二年十月に光が丘キャンパスをオープンしている。

光が丘キャンパスは廃校となった区立小学校の敷地と建物を、そのまま使用している。いかにも日本の小学校、という建物なのだが、内部は掲示物をはじめ英語だらけだし、小学生の教室にもランドセルはみあたらず、子どもたちは大きなリュックを使っている。そのリュックが乱雑に廊下まであふれだしている様子は、日本の学校とはちがい、いかにもインターナショナルスクールらしい雰囲気をかもしだしている。

アオバの光が丘と青葉台のキャンパスには幼稚園児から高校生まで、あわせて約四四〇人の子どもたちが通っている。そのうちの半数を、日本人が占めている。

それだけ日本人が多いにもかかわらず、インターナショナルスクールなので、授業は英語で行われる。ほかのインターナショナルスクールにくらべれば日本語教育にも力をいれているほうだというが、学校で過ごす時間の大半で使う言葉は英語である。

なぜアオバに多くの日本人が通っているのか。その理由を、同校を運営するアオバインターナショナルエデュケイショナルシステムズの板倉平一取締役に訊ねると、次のような答がもどってきた。

「入学希望者は確実に増えてきています。その理由は、親の考え方が大きいですね。日本的な偏差値重視の考えに疑問をもっていて、いろいろ調べて、最後にインターナショナルスクールを選んだという親が多いようです。将来、グローバルな場で通用する子に育てたいと考えている親にしてみれば、日本的な教育では不安なのかもしれません」

ただし、アオバだけが特別に日本人が多いわけではない。インターナショナルスクールに我が子を通わせる親は確実に増えてきているという。

「日本人の入学希望者は増えてきていますね。インターナショナルスクールに入れるために、幼稚園のようなプレ・スクールに通わせているという話も、けっこう聞きますよ」

と、我が子をインターナショナルスクールに通わせている母親はいった。

現在、日本には百を超えるインターナショナルスクールが存在する。そこに、どれくらいの日本人の子が通っているのか、文科省の大臣官房国際課に訊ねてみた。返ってきた答は、「把握していない」だった。その理由を、担当者は次のように説明した。

「日本人が通うのは、学校教育法第一条で定められた学校と決められています。しかしインターナショナルスクールは、その一条校ではなく、学習指導要領に沿った教育も行われていません。つまり、インターナショナルスクールは日本でいう『学校』のくくりにふくまれておらず、そこに通っている日本人の子どもがいることを文科省としては想定していません。だから、通学している子どもの数も確認できていないのです」

文科省としては、「インターナショナルスクールに通う日本在住の日本人はいない」というスタンスでいるらしい。学校教育法では、日本国民である保護者に対して、学校教育法第一条に定められた学校において子どもに小学校六年間、中学校三年間の教育をうけさせる義務（就学義務）があると定めている。就学義務について説明している文科省のホームページでは、次のように述べられている。

「インターナショナルスクール又はいわゆるフリースクールなどへの就学については現行制度では学校教育法第一条に定める学校への就学とは異なり、就学義務を履行していることにはなりません」

インターナショナルスクールに我が子を通わせている親は、就学義務違反なのだ。違反者は地元自治体の教育委員会から子どもを一条校に通わせるよう督促されるが、それに従わなければ学校教育法第一四四条によって、「一〇万円以下の罰金」を科せられることになっている。

それでも、我が子をインターナショナルスクールに通わせる親は減らないどころか、増えているのだ。法律違反をしてまでも、日本の学校に我が子を託したくない親が増えていることになる。

ここで留意したいのは、義務教育をうけていない日本人の子どもは、本来日本の大学には進学できないはずであるということだ。ところが、インターナショナルスクールを卒業して日本の大学に進学する日本人は、少なくない。実は「インターナショナルスクールに通う日本人はいない」という建て前の裏で、文科省がインターナショナルスクール卒業者を日本の大学に迎え入れる仕組みづくりを推し進めているからだ。

文科省も認めざるをえないインターナショナルスクールの重要性

インターナショナルスクールは日本の法律で認められた学校ではなく、文科省が定める学習指導要領に沿った授業もしていない。だから、日本の大学を受験する資格も以前はなかった。インターナショナルスクールを卒業しても日本の大学には進学できず、留学という道を選ぶのが当然のようになっていたのだ。

しかし、状況が変わってきている。二〇〇二年三月二十九日、「規制改革推進三か年計画（改定）」が閣議決定された。そのなかに、「インターナショナルスクールにおいて一定水準の教育を受けて卒業した生徒が希望する場合には、我が国の大学や高等学校に入学する機会を拡大する」という項目が盛り込まれた。

ここで問題になったのが、インターナショナルスクールの範疇に朝鮮学校など、いわゆる民族学校をふくめるかどうかだった。これには一部で強い抵抗があった。

そのため文科省は、翌年の二〇〇三年三月六日の中教審大学分科会において、国際的な団体（ＷＡＳＣ、ＥＣＩＳ、ＡＣＳＩ）によって一定の教育水準を確保していると認定されているインターナショナルスクールの卒業生については、受験資格を認めるという方針を示した。民族学校を排除して、欧米系のインターナショナルスクールだけに受験資格を与える仕組みを考えだしたといえる。文科省としては、朝鮮学校などに対する一部世論を配慮したのかもしれない。

ところが今度は、「アジア系の学校を認めないのはおかしい」という批判が与党内からも起きてくる。困りはてた文科省は八月になって、欧米系インターナショナルスクールだけでなく民族学校の卒業生にも受験資格を認める方針を固め、それを実現させた。そこまでしてでも、インターナショナルスクール出身者を日本の大学に迎えたかったといえる。「インターナショナルスクールに通う日本人はいない」という建て前は崩さないまま、インターナショナルスクールを卒業した日本人が日本の大学に入学できるようにする、ちょっと矛盾する策を文科省はとったことになる。

とはいえ、インターナショナルスクール出身者が、学習指導要領を基本とする入試問題で日本の学校出身者と点数を争うには無理がある。もちろん、そこにも「工夫」がこらされることになる。あるインターナショナルスクール関係者は次のように説明する。

「インターナショナルスクール出身者が日本の大学を受験する場合、学科の点数を競う一般入試ではなく、能力で評価されるＡＯ入試になります。大学側の方針が影響してくるわけですが、インターナショナルスクール出身者を積極的に受け入れる大学は増えてきています」

こうした文科省や大学の大きな変化も、実は「経済界の要望」である。
発端となった規制改革推進三か年計画にしても、経済界の声を反映したものでしかない。その規制改革推進三か年計画が閣議決定された約二ヶ月後には、経団連が「インターナショナルスクール問題についての提言」を発表している。

この提言は、「人材面での国際競争力の欠如は、企業が国際競争を勝ち抜く上で大きな足かせになることから、わが国企業においてもそうした人材に対するニーズが高まっている」と述べている。そして、インターナショナルスクールを教育の選択肢のひとつとすることは、「個人のニーズ、企業のニーズに応えるとともに、ひいては国力を維持するという点においても非常に重要である」としている。

小学校での英語正式教科化をはじめとする英語強化を求める理屈と同じだ。英語を話せる人材に対する企業のニーズは高まっているのだから、それに応えろ、というわけだ。その要請に、文科省は応えたことになる。

ここまで経済界が「必要だ」といっているのだから、「英語を話せる人材」は企業に優遇される可能性が高い。日本の学校でも英語教育が強化されるとはいえ、従来の日本的な教授法を引きずるのは目にみえているので、子どもたちの英語力が飛躍的に伸びることを期待するのは難しいだろう。

英語の力を伸ばそうとしたら、日本の学校よりインターナショナルスクールを選んだほうがいいのは誰にでもわかる。ネイティブに近い英語を話せるようになるはずだ。企業が英語力を重んじるのなら、そういう学校に我が子を通わせたほうがいい。インターナショナルスクールに我が子を通わせる保護者が急増している大きな理由は、そこにあると考えられる。

しかし、「公立の学校に通う代わりにインターナショナルスクール」という選択が、誰にでも可能なわけではない。インターナショナルスクールは日本の法律で認められている存在ではないので、国から補助を受けていない。すべての経費を、授業料で賄わなくてはならないのだ。当然、公立の学校などとはくらべものにならないくらいの授業料を、払わなくてはならない。

「少なくとも、授業料だけで年間約二〇〇万円はかかります。それ以上かかるところも少なくありません。授業料だけでなく、英語の授業についていけるだけの力をつけようとおもえば、学校だけでは不足で、家庭教師をつけている家庭も多いようです。その経費もけっこうかかるはずです」

と、あるインターナショナルスクールの関係者はいった。我が子をインターナショナルスクールに通わせるためには、それ相応の財力が必要になってくるのだ。経済界の要望が、教育における格差をさらに広げつつあるといってもいい。

問題6

アクティブ・ラーニング

文科省主導の教育改革は、お題目だけは立派でも、かなり現実味に欠けるところがある。そのために、学校は混乱してしまっている。その一方で、ただ点数をとるためだけではない、ほんとうに子どもたちのためになる教育を模索し、実践している人たちもいる。この章では「対話型鑑賞」を軸に、さまざまな場所で展開されている「子どものための教育」を紹介していく。

学習指導要領改訂案から消えた「アクティブ・ラーニング」

二〇一七年二月十四日、文科省は小中学校の学習指導要領改訂案を公表した。小学校では二〇二〇年から、中学校では二〇二一年から完全実施される予定のものである。

その「目玉」とみられていたのが、「アクティブ・ラーニング」だった。その導入は早くから知られており、学校現場では「アクティブ・ラーニングって何?」と関心の的になっていた。そして書店には専用のコーナーができるほどに、解説本が溢れてもいた。

ただし、本質を伝える内容のものが少なすぎるのが現実だった。日本協同教育学会会長で中京大学教授(教育心理学)の杉江修治は、次のように語ったものだ。

「とりあえずハウツーを出しておけば売れる（笑）。その浅さが、日本の教育にとっては良いことではありませんね。

子どもたちを、ただ形だけ動かすのがアクティブ・ラーニングだと誤解されている例が多すぎます。ひどいのは、教師が子どもたちにたくさん質問して、たくさん答えさせればアクティブ・ラーニングだと解説しているものまである。そんな上辺のハウツーでは、これまでの教師主導の授業とまったく変わらず、子どもたちが受け身のままの授業でしかない。そんなものは、アクティブ・ラーニングではない」

このような状態だから、学校現場の教員たちがアクティブ・ラーニングを理解できているわけがない。実際に、「どういうのがアクティブ・ラーニングで、どんな授業をやっていくんですか」と教員に直接訊いてみても、「わからない」という返答ばかりだった。

そのアクティブ・ラーニングの文言が、二〇一七年二月十四日に文科省が公表した学習指導要領改訂案から消えた。

二〇一六年十二月十六日に公表された次期学習指導要領に向けた中教審初等中等教育分科会で示された答申では、はっきりと「アクティブ・ラーニング」の言葉は存在していたにもかかわらず突然きれいに消えてしまったのだ。

その代わりに登場したのが、「主体的・対話的で深い学び」という表現である。

アクティブ・ラーニングが消えたことについて『教育新聞』(二〇一七年二月十四日付、ウェブ版)は、「答申の段階で『主体的・対話的で深い学び』に関連づけて記述されていた『アクティブ・ラーニング』との文言は、定義が曖昧な外来語で、法令には適さないとして使用されないこととなった」と報じている。そのアクティブ・ラーニングに振りまわされた学校現場としては、「はい、そうですか」と納得できるはずがない。混乱は深まるばかりである。

そもそもアクティブ・ラーニングが表に出てきたのは、二〇一二年八月に中教審がまとめた「新たな未来を築くための大学教育の質的転換に向けて~生涯学び続け、主体的に考える力を育成する大学へ~(答申)」がきっかけだといわれている。そこには、「従来のような知識の伝達・注入を中心とした授業から、教員と学生が意思疎通を図りつつ、一緒になって切磋琢磨し、相互に刺激を与えながら知的に成長する場を創り、学生が主体的に問題を発見し解を見いだしていく能動的学修(アクティブ・ラーニング)への転換が必要である」と述べられている。

つまり、大学教育改革の議論のなかで登場してきたのが、アクティブ・ラーニングだったのだ。大学の改革内容を小中学校に導入しようとしたというのだから、ちょっと乱暴な話ではある。

もっとも日本の教育は、小学校から大学まで、教員が一方的に話して、生徒や学生は聴くだけの、いわゆる「講義型」が主流となっている。それを改めようとすれば、小学校も大学もないのかもしれない。

新学習指導要領（小学校）は「総則　第3」で、アクティブ・ラーニングに代わって登場した「主体的・対話的で深い学び」を実現するための授業改善の方向性について、次のように述べている。

「各教科等において身に付けた知識及び技能を活用したり、思考力、判断力、表現力等や学びに向かう力、人間性等を発揮させたりして、学習の対象となる物事を捉え思考することにより、各教科等の特質に応じた物事を捉える視点や考え方（以下「見方・考え方」という。）が鍛えられていくことに留意し、児童が各教科等の特質に応じた見方・考え方を働かせながら、知識を相互に関連付けてより深く理解したり、情報を精査して考えを形成したり、問題を見いだして解決策を考えたり、思いや考えを基に創造したりすることに向かう過程を重視した学習の充実を図ること」

いっていることは悪いことではない。しかし、「どういう授業をすればいいのか」は、具体的に説明されていない。もしかすると、現場の教員には伝わっているかもしれないと、何人かの教員に「主体的・対話的で深い学びとは、どういう授業ですか？」と訊ねてみた。

答は、いずれも「わからない」というものばかりだった。「理想はわからないでもないが、どう実現するかを示しているとはおもえない。その理想にしても新しいものではなく、ずっといわれ続けていることで、それを実践できないから現場で働く者は苛《いら》ついている」という返答もあった。

要は、「アクティブ・ラーニング」から「主体的・対話的で深い学び」に、横文字から日本語に代わってみても、中身は何も変わっていない。ただ文科省が理想論を振りかざすだけで、具体的な取り組みにはつながっていっていないのだ。現場は、何をしていいかわからず、混乱ばかりが広がっている。

新学習指導要領が完全実施されても、授業方法に大きな変化はないのかもしれない。

子どもたちの力を引き出す「対話型鑑賞」とは

新学習指導要領で基本となる指導方針は、「アクティブ・ラーニング」から「主体的・対話的で深い学び」へと言葉だけは変わったが、具体的な方法については明らかではない。いたずらに教育現場を混乱させているだけのような気さえする。

しかし教育の現場は、文科省が具体策を示してくれるのをジッと待っているだけではない。新学習指導要領とは関係なしに、子どもたちを成長させるための策を独自に模索し、実践している教育現場も存在する。その例を紹介していきたい。

ある中・高一貫の有名進学校で数学を教えている教員に、「すごい授業があったんだよ」と聞いた。その教員も、参観者たちから「目から鱗が落ちる内容だった」と絶賛される「すごい授業」をする人物だ。そんな彼が「すごい」というのだから、胸が高鳴らないわけがない。実際にその授業を観に行ってきた。

授業といっても、学校での授業ではない。それは、「日能研」の教室のひとつで行われていた。日能研は、全国展開している中学受験のための有名学習塾である。では「すごい授業」とは受験指導なのかといえば、そうではなかった。

その授業とは、一言でいうと「絵画鑑賞」である。絵画鑑賞と中学受験をストレートに結びつけられる人は、そう多くはないだろう。それを受験科目にしている有名中学校も、ほとんどないはずだ。受験勉強には関係のない授業、というのが一般的な認識にちがいない。にもかかわらず、あえて学習塾で絵画鑑賞が行われているのだ。

絵画鑑賞なら、学校でも美術の時間に行われている。一般的には、有名絵画を見せて、それが描かれた時代背景や作者、技法などについて教員が説明する、といったものではないだろうか。テストとなれば、絵の作者や題名とか、教員が教えた「作者の思い」などが質問されることになる。鑑賞といいながら知識の詰め込みであり、知識偏重型の授業でしかない。それが「鑑賞」に値するかどうかも疑問だ。

「すごい授業」の絵画鑑賞は、そうした性質のものとはちがい、「対話型鑑賞」という名で呼ばれている。知識の押し付けでも、詰め込みでもない。

その授業風景はといえば、二十人ほどの小学六年生の男女が、机を教室の隅に寄せて片付け、椅子だけを扇形に並べて座っている。その前に、一枚の油絵が置かれる。

そして講師は子どもたちに、その絵を観察することを求める。「近くで観てもいいんだよ」と講師がいうと、次々と子どもたちは席を立ち、絵に近づいて観察する。そのうち椅子や机を持ち出してきて高い位置から観る子もでてくる。絵に何が描かれているのか見逃すまいとするように、いろんな方向から、食い入るように観る。

しばらくして、子どもたちに席にもどることを求めると、講師は子どもたちに向かって問いかける。「この絵には何が描かれているか、発表してください」。講師から絵についての説明は、いっさいない。

いっせいに手を挙げた子どもたちが、講師に指名されて、何が描かれているかについて発表する。「人だと思います」と一人の子どもが答えると、「それは、どこからわかりますか」

と講師が問いを発する。それに応えて、絵のどの部分から人を連想できるのかを、その子どもが説明する。

同じことが繰り返されていき、「はしご」とか「クマ」とか、自分たちが絵から読み取ったことを、子どもたちが次々と答えていく。言葉だけで説明が十分にできないとなると、絵に近寄って、その部分を指さしながら説明する子もいる。

その絵のテーマに言及するわけではない。自分の目にみえたものについて素直に発表していくだけなのだ。

さらには、「○子ちゃんがいったけど、そこから考えると、こういうふうにもみえます」といった意見も次々にでてくる。一枚の絵について、観察したこと、そこから考えられるストーリーを子どもたちは次々に展開していく。

詳しく紹介する紙幅はないが、その観察眼と豊かな発想、ほかの子の意見を吸収して、それを膨らませ、さらにストーリーを展開していく力に、ただただ驚くしかなかった。そうみえるんだ、なるほど確かにみえる、とこちらも子どもたちの話にどんどん引き込まれていく。そして固い頭がグニャグニャになっていく気がした。それほど、すごい光景だった。

そこには、講師による説明や誘導は存在しない。講師の知識を押しつけることは、いっさいしないのだ。講師は、うまく交通整理するだけの進行役に徹している。

この授業で、子どもたちは自分で観察し、解釈し、根拠をもった考察をし、意見の再検討、複数の可能性を追求するといった、「複合的能力」を身につけていっている。授業を観ていれば、それがわかる。素直に子どもってすごいな、とおもえた。

そういう力こそ、新学習指導要領でテーマとされている「生きる力」ではないだろうか。文科省の説明によると、「生きる力」とは「自ら考え、判断し、表現することにより、さまざまな問題に積極的に対応し、解決する力」ということらしい。まさに、この「すごい授業」で行われていることそのものである。新学習指導要領で求めていることは、対話型鑑賞の授業で育てることが可能なのだ。

以前取材した大学の就職支援担当者は、「いま企業が学生に求めているものはコミュニケーション能力といわれていますが、それを求めるのは、そういう能力が劣っているからでしょうね」といった。そのコミュニケーション能力を、「すごい授業」で子どもたちは遺憾なく発揮している。これまでの詰め込み型授業では養われてこなかった力を、対話型鑑賞の授業で子どもたちは我がものにしているのだ。

それだけではない。子どもたちは新学習指導要領が掲げている力を身につけながら、生き生きと楽しそうに授業に参加していた。

いま文科省が力をいれているのは、英語教育やプログラミング教育といった、従来型の

「知識教育」の延長でしかない。対話型鑑賞に、文科省はもっと注目すべきではないか。

対話型鑑賞のトレーニングを受けた女の子の驚くべき作文

「中央教育審議会や文部科学省が教育の目標として掲げている『生きる力』は、この対話型鑑賞によって実現できます」

香川県の「丸亀市猪熊弦一郎現代美術館」で行われた講演会で、京都造形芸術大学教授の福のり子ははっきりといい切った。二〇一七年九月のことだった。そのとき、演壇前面のスクリーンには次の文章が大きく映しだされた。

「自分で課題をみつけ、自ら考え、主体的に判断・行動し問題を解決する能力、自らを律しつつ他人と協調する力」

これは、文科省や中教審が重視している「生きる力」の基本部分である。新学習指導要領でも、この「生きる力」が大きなテーマとして掲げられているが、その力は、対話型鑑賞で身につけることができると、福は断言したのだ。

対話型鑑賞は、一九九一年にニューヨーク近代美術館（略称：ＭｏＭＡ）の教育部長だったフィリップ・ヤノウィンによって開発された美術鑑賞技法である。MoMAでは「VTC（Visual Thinking Curriculum）」と呼ばれたが、これを広めるために、独立したあとでヤノウィンは「VTS（Visual Thinking Strategies）」と独自の名称をつけた。呼び方はちがっても、基本は同じである。ヤノウィンは著書『どこからそう思う？　学力をのばす美術鑑賞』（淡交社、二〇一五年）で、対話型鑑賞（VTS）は美術作品を鑑賞する力だけにとどまらない、として次のように述べている。

「子どもにとってVTSはさまざまな能力、たとえばヴィジュアル・リテラシーや複合的な思考力と、それを伝えるための言語能力、傾聴力、書くことへの関心と記述力、さらには協働的な問題解決能力などを培う基盤となる」

主体的に考えて他者に伝え、他者の意見も聞き、一緒になって問題を解決していく能力が、VTSで身につくというのだ。「主体的・対話的で深い学び」のスタンスそのままであり、「生きる力」にもつながっている。

それだけではない。VTSは、文科省が学習指導要領でこだわっている「学力向上」にもつながる、とヤノウィンはいっている。

ヤノウィンは著書のなかで、彼が中心となってMoMAで六年をかけ、アメリカの三五〇〇人以上の小学生を対象に対話型鑑賞を行った「成果」について紹介している。結論からいうと彼は対話型鑑賞について、「さまざまな能力を培う基盤となる」と述べている。

先の福は、このＭｏＭＡの実証実験に参加している。一九九一年五月にコロンビア大学大学院を卒業した福は、ＭｏＭＡのインターンとなる。そこで彼女は、ＶＴＣに初めて触れた。それは、「目から鱗が落ちる」ような体験だったという。

「それまでの美術鑑賞は、作品について好きか嫌いか、さらに作品にまつわる情報が重要だといわれるものでした。ところがＭｏＭＡで初めて体験した対話型鑑賞は、作品に関する情報などまったく関係ない。目の前の作品を静かにじっくり観て、そしてみえたそのものについて語り、ほかの人の意見も聞く。『こう観なさい』などと、いっさい強制されることはない。目の前の作品にみえるものについて素直に語り、自分のおもったことを話せばいいというものでした。

一人ひとりの目に映るもの、そこから感じる一人ひとりの思いや考えはそれぞれですから、『正解』なんてものはない。作品を観るのに正解はないいんだと気づかされました」

そして福は、ヤノウィンの部下として、ＭｏＭＡが子どもたちを対象に行っていた対話型鑑賞のトレーニングや調査に参加していく。そこで彼女は、対話型鑑賞を体験することで観察力、語彙力、コミュニケーション能力などの力を急速に伸ばしていく子どもたちの姿を、目の当たりにすることになるのだ。

「ＭｏＭＡが対象にしていたのは、学力レベルが高い子どもたちではありませんでした。貧しい人たちが多く住む地域にある学校に通う子どもたちで、勉強に熱心ではなかったので、どちらかというと学力は低かった。

そういう学校にわたしも足を運んで対話型鑑賞のトレーニングをやっていたんですが、トレーニングを受ける前と後とでは明らかにレベルがちがってくるんです」

その「すごい」とおもった実例を福に訊ねると、彼女は一人の少女が書いた作文の例をあげた。そのとき少女は十一歳で、一年間にわたってＭｏＭＡによる対話型鑑賞のトレーニングを受けていたという。

「彼女の作文は、ＭｏＭＡで父親と一緒にピカソの『鏡の前の少女』を観たときの様子を綴ったものでした。その絵は若い女性をさまざまな角度から描いた、表情がいくつも重なったようなピカソ独特のものです。

その子の作文によると、父親は『へんな絵だね』といったそうです。でも少女は作文に、『この人はほんとうのことを描いているとおもいます。一人の女の人のなかにたくさんの別の女の人がいるようで、ちょっと怖いけれどおもしろい絵でした』と書いていました。彼女にピカソの知識はないのに、そういう観察ができる。そして、その感想をしっかりと文章にまとめているんです。感心しましたね」

これが、特殊な例だったわけではない。福は同じような例を、いくつも目にした。そうしたMoMAで行った検証をとおしてヤノウィンは、「対話型鑑賞は、さまざまな能力を培う基盤となる」と述べているのだ。

そして京都造形芸術大学の教授に就任した福は、同校を拠点にして対話型鑑賞を日本で紹介していく。前項で紹介した「日能研」の講師も、福が主催した講座を受講して対話型鑑賞を学んだ一人である。

受講料を自己負担してでも対話型鑑賞を学びに行く教員たち

子どもたちを対象にした対話型鑑賞の取り組みを実践しているのは、日能研ばかりではない。

島根県では、現役教員の集まりである「みるみるの会」が活動している。中学校で美術を教え、教頭でもある春日美由紀が代表を務めているが、彼女が会の発足経緯について次のように説明した。

「福先生とは、彼女が対話型鑑賞の普及を日本で始めたころからの知り合いです。二〇一一年に彼女がフィリップ・ヤノウィンを日本に呼んで講座を開くと知って、参加しました。そこでヤノウィンに『何ができるか考えてごらん』といわれ、そのとき島根県から参加していた三人の教員と一緒に、実践のための会を立ち上げたのが始まりです。

自分では対話型鑑賞をやっているつもりでも、自己満足では、子どもたちのためになりませんからね。だから、研鑽《けんさん》の場として会の活動をしています。そこでの経験を活かしながら、それぞれの学校での実践に取り組んでいるわけです」

講座に参加するといっても、教育委員会や学校から指示されたわけではない。自ら学ぶ場を求めて行くのだ。そうなると、受講にかかる経費も自己負担となる。それも、少なくない額だ。そこまでして子どもたちのために学ぼうとする教員が、春日だけでなく、ほかにもたしかに存在する。

春日に、対話型鑑賞をやることによって子どもたちに変化はあるのか、訊ねてみた。彼女は、「ありますよ」と自信に満ちた表情で答えた。

「美術の授業としてやっていますが、美術だけでなく、ほかの面の力にもつながっています。自分が発言したことに対して周りから『すごい』といってもらうことが、自尊感情を高めることにつながっているし、『友だちは、こんなふうに考えてるんだ』と、他者を認める力は確実に深まっていますね」

知識を一方的に押しつけるような講義型の授業では、こんなふうに教員が子どもたちの成長に気づくこともできないだろう。それが実感できることは、子どもたちの成長にとっても有意義だが、教員を前向きにさせてもいるにちがいない。

自分にはみえてもいないものを、「みえないの⁉」と咎《とが》めるようにいわれれば、子どもは自信を失う。押しつけられたものだけが「絶対」となる空間が楽しいはずがない。

対話型鑑賞での主役は子どもたちである。押しつけもしないし、否定もしない。自分の目にみえたものを大事にし、それを他者も認めてくれる。それによって、子どもの力が伸びていく。

このように、自分で考え、工夫しながら、子どもたちのための授業を独自に展開している教員も存在しているのだ。

対話型鑑賞で重要となる「どこから」というフレーズ

愛媛県では、小中学校とともに愛媛県美術館が中心となって、対話型鑑賞や、それを美術以外の教科にも応用していくプロジェクトが、文化庁の支援を受けて行われた。その中心となったのが、愛媛県美術館で専門学芸員をしている鈴木有紀である。

彼女も春日と同じく、福が京都造形芸術大で行ったフィリップ・ヤノウィンによる講座を自費で受講した一人だ。彼女は、対話型鑑賞を行う際に注意すべきことについて、次のように語った。

「小学校三年生に『昔の暮らし』という授業があるんですが、そこで美術館の同僚が出前授業をすることになり、自分のやり方を観てほしいといわれたので、行ったんです。観る、考える、話す、聞くが上手にデザインされた内容だったんですが、ただ、ひとつだけ気になった点がありました。

その同僚が『どうして、そうおもったの?』という訊き方をしていたことです。それに対して、子どもたちの反応が悪くて、あまり手があがらなかったんです。

それで、次の時間に別のクラスで同じ内容の授業をやるときにわたしが、『どうして』じゃなくて、『どこから』に変えてみたら、といったんです。そうしたら、次々と子どもたちの手があがるようになりました」

「どこから」は、対話型鑑賞のキーワードである。

「どうして」という訊き方は抽象的すぎて、どう答えていいかわからない。正解を口にしようとおもえばおもうほど、考えがまとまらなくなってしまうものである。だから、手もあげられないし、当てられても口ごもるしかない。

しかし、「どこから」と訊かれれば、自分の目でみえているものをそのまま答えればいい。たとえば絵であれば、「この部分が人の顔にみえるので、人の顔を描いた絵だとおもいました」と答えられるのだ。鈴木が続けた。

「『どこから、そう思うの？』という問い方をしたクラスでは、昔の暮らしを描いた同じ絵をみながら、『同じ草履でもいろいろあって、カバーがついているものもあります。これは、雨の日に濡れないためのものだとおもいます。昔の人の知恵はすごい、とおもいました』といった意見が、どんどん出てくるようになりました。

その発言を聞いて、同じ部分をみていたほかの子が、『たしかにカバーがあって、そういう役割なのだとおもいました。そこに気づいたのは、すごいとおもいました』といった意見を述べる。

どんどん授業の内容が深まっていき、なおかつ、子どもたちが楽しそうに授業に取り組んでいる姿を目の当たりにしました」

教員が一方的に期待していることを訊きだそうとする従来の授業とは、明らかに一線を画した内容になっている。子どもたちがもっている力を引き出す授業になっているのだ。それが対話型鑑賞の重要なポイントである。だから、美術だけでなく、他教科にも応用できるし、それによって子どもの力を伸ばしていける授業にできるのだ。

そのスキルを広げていくのが、愛媛県美術館が県下の小中学校の教員たちと取り組んでいるプロジェクトなのだ。参加者は、核になる教員との勉強会を重ねてスキルを向上させながら、学校現場で授業を試みる。鈴木たち美術館の学芸員も、出張授業にたびたび足を運んでもいる。

「従来型の授業に慣れているし、それをずっとやってきた先生方ですから、簡単には普及しないのが現実です。それでも一歩ずつ進めています」

と、鈴木はいった。それでも、このプロジェクトに、かなりの教員が熱心に取り組んでいる。愛媛県の教育は変わっていくかもしれない。

学校現場に対話型鑑賞をもち込んだ「朝鑑賞」

対話型鑑賞は、一部の学習塾やプロジェクトでだけ実践されているわけではない。学校全体の取り組みとして実践しているところもある。しかも、公立の学校だ。それが、埼玉県の所沢市立三ヶ島中学校である。

同校では、毎週金曜日の朝、授業前の十分間を使って対話型鑑賞を行う「朝鑑賞」が行われている。外部から講師を呼んで行うのではなく、朝鑑賞のファシリテーター（進行役）を務めるのは、同校の教員たちである。

この朝鑑賞を始めたのは、二〇一五年に三ヶ島中学校の校長として赴任してきた沼田芳行だった。

「この学校の子どもの実態をみたとき、『学びに向かう姿勢』に課題があると感じました。学力を高めるために数学のドリルや英単語テストなどは、多くの学校が取り組ませています。しかし目先の点数に影響はあっても、積極的に学ぼうとする姿勢にはつながっていない。これからの子どもたちに求められているのは、情報を基に自分で考え、意見を述べ、さらにほかの人と意見をすりあわせていく力だとおもっています。それこそが、学びに向かう力です。そうした力を学校で身につけられるようにしたい、と考えました」

そして沼田が相談をもちかけたのが、武蔵野美術大学教授の三澤一実だった。二人は若いころに同じ中学校で働いていたことがあり、以来、教育を熱く語りあう仲なのだ。その三澤が提案したのが、対話型鑑賞だった。

「わたしが対話型鑑賞に興味をもったのは、ＭｏＭＡでＶＴＣの開発に携わり、実践の経験もあったアメリア・アレナスが日本で講演したのを聴いたのがきっかけでした」

と、三澤。ただし、三澤はアレナスの紹介した内容に、全面的に同意したわけではなかった。

「彼女のファシリテートは、『なぜ？』とか『どうして？』と理詰め過ぎるんです。それでは、理詰めだけの思考に慣れていない日本人にはあわないと感じました」

そこで三澤は、武蔵野美術大学の学生の作品を使った対話型鑑賞について、ＭｏＭＡ流にはない、作者である学生自身も参加するという独自のスタイルを開発していく。そして、中学校などで出張授業をする「旅するムサビプロジェクト」を始めた。これだと鑑賞者もそうだが、制作者であり、将来は教員を目指す学生にとっても、得るものが大きいという。

三ヶ島中学校でやっている朝鑑賞は、この三澤の取り組みがベースにある。ただし、「旅するムサビ」と同じことをやっているわけではない。毎週、武蔵野美術大学の学生が来校するのは無理だし、十分間という時間も短すぎるからだ。機会をつくっては「旅するムサビ」を開催したりもするが、朝鑑賞でファシリテーターをやるのはあくまで教員である。

実は、ＭｏＭＡの調査では、担任の教員がファシリテーターをやったほうが効果が大きい、という結果が出ている。対話型鑑賞におけるやりとりでは、信頼関係が重要だといわれているからだ。偶然ではあったが、三ヶ島中学校では最も効果のあがるかたちを選択したことになる。

三ヶ島中学校での試みは二〇一六年度から始まったが、それから一年以上が過ぎたあとで朝鑑賞を見学させてもらった。

まず感じたのは、「教員がしゃべりすぎるな」ということだった。それを三澤に話すと、笑いながら、次のような返事がもどってきた。

「そのくせは、簡単には抜けない。教えるのが仕事だと信じてきた人たちですからね。わたしが教員にいったのは、『評価しないで、ただ作品を観て、みんなで話をさせましょう』ということだけです。それだけでも、教員の常識からすれば信じられないことです。細かいことを指示していたら、反発をかうだけで、そもそもスタートできなかったでしょうね。まずは始めること、やり続けることが大事だと考えました。ほんとうにファシリテートができるようになるには、三年はかかるとおもっています」

その半分の一年半近くが過ぎて、三ヶ島中学校に変化は表れているのだろうか。それを三澤に訊ねると、彼は自信をもって答えた。

「変わりました。教員が前向きになった。対話型鑑賞がもたらす子どもたちの変化を、いちばん身近に感じているのは教員です。それを実感できているからこそ、教員も前向きになれるんです」

たしかに、三ヶ島中学校の教員と話していると、誰もが明るい。楽しそうであり、自信をもっているようにもみえる。子どもたちの変化は、教員をも変えるということか。

作文力アップ、質疑応答で手があがる……朝鑑賞の成果

三ヶ島中学校で実施している朝鑑賞について、その「成果」を検証しつづけているのが、聖徳大学教授の奥村高明である。彼も、武蔵野美術大学の三澤と同じように、教員の変化を認める。

「三ヶ島中学校をみていると、先生たちも積極的になってきている。そして、学校全体の雰囲気が前向きになっています。朝鑑賞の影響だけではないかもしれないけれど、朝鑑賞の果たしている役割は大きいと、わたしは考えています」

そして彼が何よりも感じているのは、子どもたちの変化である。

「まだデータを集めている段階なので、朝鑑賞だけで顕著な成果があったと断定はできません。しかし、これまでのデータをみるかぎり、友だちの話を聞きながら、考えて話しあう力がついてきているのでは、とおもっています。またそれによって、学びに向かう力は強くなっているようなんです」

その変化は、朝鑑賞を始めた当人であり、当初から毎日子どもたちと接してきている校長の沼田も、身をもって感じている。彼は、「特に、子どもたちの作文の力が飛躍的に伸びてきている」といい、次のように説明した。

「よく観察して考え、他人の意見もあわせてさらに考えるという力が、朝鑑賞で養われてきているためだとおもいます。そして、書くべきことがきちんと整理できるようになっている。それが、作文力につながっているんじゃないでしょうか」

作文が書けないという場合に考えられる理由は、「書くべきこと」が整理できないということだ。たとえば「母親について書け」といわれてみても、何を書いていいかわからないので、言葉にすることができない。

しかし朝鑑賞によって観察する訓練をしてきた子どもたちは、「母親」といわれたときに、頭のなかで母親を観察できるのだ。その観察からみえたものについて考え、文章化していけば作文は完成する。また、考えたことを誰かに発表する力も朝鑑賞によって身につきつつある。だから、三ヶ島中学校の子どもたちは作文の力が伸びた。

朝鑑賞で作文の書き方を教えているわけではないが、朝鑑賞を始めたころから作文力が向上していることを教員たちとの話のなかで沼田は実感していた。

「最初は、ひらがなの多い作文だったんですが、最近は、かなり漢字がはいるようになってきています。これも、大きな変化ですね。

ひらがなだけでも作文になるし、ひらがなが多くても教員は責めたりしません。しかし子どもたちなりに、ひらがなばかりではかっこ悪い、とおもうのかもしれません。書いているうちに、これは、どんな漢字なんだろう、とおもうのかもしれません。そうすると、辞書をひいたりして調べるんでしょうね。とにかく、漢字の多い作文になってくる」

子どもたちは、自ら学びはじめているのだ。強引に練習問題に取り組ませたり、叱りつけなくても、子どもたちは自発的に学ぶ。文科省も「自ら学ぶ力」の重要性を強調しているが、どんなに教科書の分量や授業時間を増やしてみても、従来の授業形式を続けていたのでは、「自ら学ぶ力」は子どもたちの身につかない。

「朝鑑賞を始めて一年が過ぎたばかりの六月の生徒総会が、おもしろかった。以前なら、用意された答弁を役員が読んで、ほかの生徒は聞いているだけで終わりでした。それが、答弁に対して質問がでるようになったんです。それに役員も答える。言葉のキャッチボールができるようになった」

うれしそうに、沼田は語った。また、質問ができるようになったという変化は、ほかの場面でもみられたという。

「どの学校でもやっていることですが、外部から講師を招き、全校生徒が出席する講演会をやることがあります。そのとき質疑応答の時間になっても、これまでは子どもたちの手があがることはありませんでした。ところが最近は、二十人も三十人も手をあげるようになってきました。人の話を聞いて自分の頭で考えないと、質問なんてできませんよ。何より、知りたい、訊きたいという気持ちがなければ、手をあげたりしません」

さらに、朝鑑賞の影響は、授業に取り組む姿勢にも表れてきているのではと、沼田は考えている。

「校長室の前がグラウンドになっていまして、体育の時間になると、生徒たちの走る足音とか教員の声は以前から聞こえていました。ところが最近は、子どもたちの話している声が目立つようになってきたんです。

ムダ話をしているわけじゃありませんよ。子ども同士で『こうやったら、うまくいくんじゃないか』とか、『うまくいかなかったのは、あれが原因じゃないか』と話しあっている。あちこちで、意見をいい、聞いている。そんな声が聞こえてくるようになっているんです」

三ヶ島中学校は、生徒も教員も大きく変化しはじめている。そのきっかけになったのが、校長である沼田が始めた朝鑑賞だった。ただ、文科省や教育委員会の指示で行っているものではないので、沼田が異動してしまえば、そこでストップしてしまう可能性がある。せっかくの良い変化が終わってしまうこともありうるのだ。

三ヶ島中学校には朝鑑賞をぜひずっと続けてほしいし、この動きがこれから他校にもどんどん広まっていってほしいものである。

問題7

七つ目にして、最も大きな問題

学校を変えようというとき、重要な役割をはたすのは、なんといっても現場を知り、実際に働いている教員である。問題は、その教員が積極的に発言したり、行動することを避けているようにみえることである。自らの意見は内に秘めて、上から指示されたことを淡々とこなしていく、「もの言わぬ教員」が多くなってしまっている。なぜ、教員は沈黙してしまうのか。その理由を探っていく。

校長のパワハラでうつ病になる教員たち

職場におけるパワーハラスメント（パワハラ）が、社会問題化しつつある。職務上の地位や人間関係など職場内での優位性を背景にして、業務の適正な範囲を超えて、精神的・身体的苦痛を与えたり、職場環境を悪化させる行為である。

厚生労働省の地方支分部局である、都道府県労働局などにもちこまれるパワハラの相談件数は年々増加傾向にあり、二〇一六年には初めて七万件を超えている。十年前の二〇〇六年が二万二〇〇〇件あまりなので、三倍以上にも増えていることになる。

こうした状況は、学校も例外ではない。特に校長の権限が強まるなかで、ますますパワハラは増えているという。

「新しい試みも、校長の鶴の一声ですぐに実施可能になってしまいます。逆に、下っ端の教員がいくら素晴らしい提案をしたところで、校長が賛成しなければ絶対に実践することはできません」

と、ある中学校の教員がいった。それほどの権力を校長はもっているのだ。そして校長によるパワハラも目立ちはじめていると、その教員はいった。

校長のパワハラが原因で、うつ病など精神疾患を患っている教員は少なくない。教員の精神疾患の要因としては、子どもたちの問題やモンスターペアレントに代表される保護者との関係が連想されがちだ。しかし現場の声を聞いてみると、意外にも学校という組織そのものにこそ大きな原因がありそうなのだ。

精神疾患を理由に病気休職している公立学校の教員は、文科省の調査によると二〇一五年度だけでも全国に五〇〇九人いた。三年連続で五〇〇〇人を超える事態となっており、深刻といっていい。

しかも、これは病気休職している数であり、精神疾患を抱えながら学校での勤務を続けている教員も少なくない。本人も辛いだろうが、結果的に周りに迷惑を与えてしまってもいる。

「そういう教員は通常どおりの勤務ができなくなり、休みがちになります。休めば、その教員の担当分をほかの教員が埋めなくてはなりません。ただでさえ忙しいのに、さらに忙しくなる。急に休まれると、調整でバタバタにならざるをえない。周囲にかなりの負担がかかってくるわけです」

と、小学校に勤めていた元教員が話してくれた。さらに彼は、「精神疾患の原因が、パワハラ、特に校長のパワハラにあるというのは、現場にいると実感しますね」とも続けた。

たとえば、校長は教員の書いた文章をチェックする義務があるが、チェックして修正を命じ、直してきたものを再度チェックして、再び修正させるというのを繰り返すのは日常茶飯事。それだけでなく、前に自分が指摘して修正させたところを修正させるようなことも、平気でやる。まるで嫌がらせとしか思えないが、そんなことが少なくないのだそうだ。

「重箱の隅をつつくようにネチネチ」と、彼は表現した。そのターゲットにされたら、たまったものではない。

「しかも、教員というのは人一倍プライドが高い人たちなんですね」と彼は続けた。教員には、学校での成績が比較的良かった人たちが多い。優等生として順調に人生を送ってきた人たちなので、挫折した経験が少ない。それだけに、プライドは高いのだ。

「そういう人たちがネチネチ嫌がらせをされると、プライドが普通の人よりも大きく傷つく。そして、一度傷つくと、なかなか立ち直れない。問題の校長が転任したり、自分がほかの学校に移って校長と離れることができたとしても、傷つけられたプライドは修復せず、病院に行くと『うつ病』と診断されてしまうんです」

と、元教員はいった。もちろん、校長だけがパワハラの加害者ではない。校長と同じように職務上の地位が上にある者であれば、パワハラを起こす可能性はある。

そうしたパワハラから逃れるためには、「君子危うきに近寄らず」を通すのがいちばんだ。できるだけ校長や地位が上の人に逆らわないようにする。異を唱えるなど、もってのほかとなる。実際、そうしている教員が多いというのだ。

パワハラが、「もの言わぬ教員」をつくりだしている。本書の「問題2」で扱った教員の過重労働について、教員らが正面から異を唱えるような行動を起こさない背景には、このような強烈な上下関係があったのだ。

さらに、学校のパワハラ的体質はエスカレートしてもいる。東京都内の小学校で教えている教員の一人が、腹立たしげにいった。

「都内のほとんどの学校で同じだとおもいますけど、職員会議は存在していても、実態は『会議』ではありません。大事なことは校長と主査クラスなど『幹部』だけが、企画会議と称する会議を開いて決め、職員会議はそこで決まったことが伝えられる場でしかありません。若い教員は意見を述べることさえ許されていないわけです」

教員は「発言する場」すら奪われつつあるわけだ。そうした状況下で、「もの言わぬ教員」というのは彼らの性質そのものになってしまうのかもしれない。このような学校独特の体質には疑問を感じざるをえない。

反映されない教員の声

現職の教員が教育委員会に脅迫状を送りつけるという事件が起きたのは、二〇一四年八月のことだった。

脅迫したのは千葉県野田市の同市立小学校の教員で、「土曜授業をやめなければお前らのような悪い連中を庁舎ごと吹き飛ばす」といった文言が綴られた脅迫状を、六通も市教委へ送りつけていた。

この年の新学期から野田市は、土曜授業を導入していた。脅迫状には、土曜授業で「体の調子が悪い」「負担が増える」といった不満も書かれていたという。

問題の教員は勤続二十五年の大ベテランで、教務主任も務め、若手教員の指導にも熱心だったといわれている。生徒からも信頼されていたようで、「真面目な先生」と評判だったそうだ。

土曜授業が始まったことで、多忙さに拍車がかかり、そのために問題の教員は体調を壊していた。

脅迫状を送りつけるという手段は、決して許容できるものではない。大ベテランの教員が、社会常識を大きく逸脱する行動をとったのだ。もちろん、問題の教員は警察に逮捕されている。

ただこの事件からは、教員の置かれている立場の厳しさが浮かび上がってくる。事件を報じた『読売新聞』（二〇一四年八月二十日付）は、次のように報じている。

「市教委によると、土曜授業導入後に行った教職員と保護者らへのアンケート調査では、『学力向上に役立つ』と肯定的な意見は、教職員が四割、保護者が八割だという」

土曜授業を導入するかどうかについて、市教育委員会は保護者と教員の意見を調査しているのだ。肯定意見が四割だったということは、半数以上の六割が土曜授業について否定意見だったということになる。

保護者のほうはといえば、八割が賛成している。この数の多さをみたら、市教委としては尊重せざるをえなかったのだろう。保護者にしてみれば、「学校に行けば子どもたちは勉強するにちがいないから、学力は向上する」とのおもい込みがあるのかもしれない。

とはいえ、学力向上の方法論に関しては、保護者より教員のほうが専門家である。その専門家の意見を無視するようなやり方には疑問を感じてしまう。

さらに不思議なのは、なぜ否定的意見だった六割の教員が、市教委の方針を変えられなかったのか、である。効果のない土曜授業なら、自分たちの負担を増やしてまでやる必要はないし、子どもたちのためにもならない。それを訴える教員がいてもよさそうなものではないか。

報道を読むかぎりでは、教員から異が唱えられることも、教員の否定的な意見を市教委がとりあげて検討したという経緯もなかったようだ。アンケートは、教員の意見も聞いたという「アリバイ」的なものでしかなかった。

教員の意見に真摯に耳を傾けようとしない教委の姿勢が、この件から透けてみえてくる。そして反対意見があったとしても黙り込み、最終的には決められたことに不満はあっても従ってしまう教員の姿もくっきり映しだされている。

現場の声が教育行政に反映されないのは、この関係性に大きな原因があるようだ。現場を最も知っている教員の声が反映されないのでは、教育がよくなるわけがない。そうした状況にしているのは、黙り続ける教員の側にも責任がある。

行政は行政で、要するに、責任をすべて学校に放り投げたいのだ。保護者の機嫌がとれればいいわけで、彼らが土曜授業を評価しているというアンケート結果をみて喜んでいるだけである。やらせるほうは気楽だ。

学校の現場はたいへんだ。土曜授業をやるにしても、教員が増員されるわけではないので、仕事は増えるし、責任もさらに重くなる。これでは、爆発したくもなるだろう。

脅迫事件が起きたことについては、現場の状況と教育の現状を深く考えようともせず、なんでもかんでも学校現場に放り投げる保護者と行政の姿勢にも大きな原因があることを、真剣に考えてみる必要がありそうだ。

「誰がやっても同じ」という授業に意味はあるのか

都内在住の保護者が、小学生の息子の授業を参観してきたときの話を、半分おもしろそうに、半分あきれたように話した。

「同じ学年の教室は同じ廊下沿いにありますから、隣のクラスでは、どんな授業をしているのか気になって、廊下から窓越しに覗いてみたんです。

そうしたら同じ教科の授業をやっているクラスでは、まったく同じことをやっていました。

教員が黒板に書いていることも同じなら、しゃべっている内容も同じ。生徒にとって平等といえば平等なのでしょうが、教員の個性の感じられない授業って、子どもたちにもおもしろくないだろうな、とおもっちゃいましたね」

この話を元小学校教員にすると、彼は真剣な表情で頷いた。彼自身も、そうした最近の学校の様子は「おかしい」と感じているらしい。

「一言でいえば、教員に対し『余計なことはするな』というプレッシャーが、年々強まってきているようです。

以前なら、教科書にないところへ話が広がっていく教員が少なからず、いました。その広がりで授業はおもしろくなるし、子どもたちも興味をもって話を聞いたものです。

ところが最近は、学習指導要領どおりの授業を求められます。それより上でも下でもない、そのとおりの内容の授業を強く要求されているんです」

その結果が、同じ学年の同じ教科であれば、判で押したような授業内容になるという傾向なのだ。そういう授業が求められているのなら、大手予備校が採用して一流大学への合格者を増やしているような、少数の講師の授業をDVDで観る授業にしてしまってもいいのかもしれない。冗談ではなく、そういう時代が近い将来に現実のものとなる可能性はある。

それでいいなら、教員の数をグッと減らしてしまうこともできる。文科省や政府にしてみれば、うれしいことかもしれない。子ども一人ひとりと教員が相対する時間の少なさに文科省はあまり危機感をもっていないようだから、教員をＤＶＤに取り替えてしまっても、不都合は感じないにちがいない。

学習指導要領どおりの同質な授業を教員が続けているということは、教員不要の状態を自らがつくっているのと同じことといえる。教員は、個性を活かした授業を放棄してしまったのだろうか。

一九九八年に改訂し、二〇〇二年度から本格導入された学習指導要領は、週五日制の完全実施と授業時間と内容を三割程度減らす、いわゆる「ゆとり教育」を目指すものだった。その本格導入を目前にした二〇〇一年一月二十四日、文科省の事務方のトップである小野元之事務次官（当時）が都道府県教育長協議会に出席し、「学習指導要領は最低基準」と認めている。それを『読売新聞』（一月二十四日付夕刊）は次のように報じている。

「小野次官は、同協議会の中で、二〇〇二年度から導入される新学習指導要領については『生徒の特性に応じた学習を一層行うことが出来るようにしており、教科課程を編成・実施における最低基準という正確が明確になっている』と説明。その上で『理解の進んだ子には能力に応じた授業も可能だ』と述べ、子どもの習熟度に応じて、学習指導要領範囲外の授業を行うことを認めた」

この発言は、「ゆとり教育」による学力低下を懸念して、理解の進んだ子に対して学習指導要領以上の指導を求めたものである。しかしここでそれ以上に大事なことは、従来絶対とされてきた学習指導要領を、文科省が「最低基準」としたことだ。そこさえクリアすれば、学校や教員の個性を活かした授業をしてもいい、と宣言したのである。

ただし、これによって個性ある授業が全国に大々的に広まることはなかった。そういう授業を展開する学校や教員もいないわけではなかったが、個性ある授業が日本の教育の特色になるところまではいかなかった。多くの学校や教員が、従来の学習指導要領を絶対とする姿勢を崩さなかったからだ。

そして、「ゆとり教育」批判の高まりを背景に、学習指導要領の改訂によって授業時間も内容も増え、二〇二〇年に完全実施の学習指導要領では小学校で英語が正式教科とされた。夏休みや休み時間まで授業にあてなければ、学習指導要領の内容を消化できないところまできている。

「学習指導要領に書かれている内容を教えるだけでも手いっぱいで、そのほかに自分の個性を活かした授業を入れるなど、とても無理ですよ」

と、都内のある小学校で働く教員は嘆いてみせた。

学習指導要領に縛られる状況に拍車がかかってきている。それには、増えつづける授業時間と学習内容を受け入れてきた、教員自身にも責任があるのではないだろうか。最も現場を知っているはずの教員が「もの言わぬ教員」でいるために、最低基準であるはずの学習指導要領が絶対となっている。

それを、保護者も容認しているに等しい。我が子のテストの成績には神経過敏でいながら、我が子の成長にとって、ほんとうに必要な教育については考えようとしない。

知っているつもりの教育でも、もう一度、視点を替えてみてみれば、いろいろなことが見えてくる。ちがう角度で教育を考え直してみなければならないところに、きているのではないだろうか。

前屋毅（まえや・つよし）
フリージャーナリスト。1954年、鹿児島県生まれ。法政大学卒業。『週刊ポスト』記者などを経てフリーに。教育問題と経済問題をテーマにしている。近刊は『ほんとうの教育をとりもどす』（共栄書房）、『ブラック化する学校』（青春新書）、その他に『学校が学習塾にのみこまれる日』『シェア神話の崩壊』『グローバルスタンダードという妖怪』『日本の小さな大企業』などがある。

教育《きょういく》現場《げんば》の7大問題《ななだいもんだい》

2018年6月5日　初版第1刷発行

著者……前屋毅《まえやつよし》
発行者……塚原浩和
発行所……KKベストセラーズ
〒170-8457　東京都豊島区南大塚2-29-7
電話（03）5976-9121（代表）
http://www.kk-bestsellers.com/

装丁……鈴木大輔・江﨑輝海（ソウルデザイン）
DTP……株式会社オノ・エーワン
印刷所……錦明印刷株式会社
製本所……ナショナル製本協同組合

ISBN 978-4-584-13879-3　C0036